A PHONETIC SPANISH READER

Published by the University of Manchester at
THE UNIVERSITY PRESS (H. M. McKechnie, M.A., Secret[illegible]
12 Lime Grove, Oxford Road, MANCHESTER

LONGMANS, GREEN & CO.
London : 39 Paternoster Row
New York : 443-449 Fourth Avenue and Thirtieth Street
Chicago : Prairie Avenue and Twenty-fifth Street
Bombay : 8 Hornby Road
Calcutta : 6 Old Court House Street
Madras : 167 Mount Road

A PHONETIC SPANISH READER

EXTRACTS FROM GREAT WRITERS
SELECTED AND TRANSCRIBED

BY

E. ALLISON PEERS, M.A.

AUTHOR OF "A SKELETON SPANISH GRAMMAR"
GENERAL EDITOR OF THE MANCHESTER SPANISH TEXTS

MANCHESTER
AT THE UNIVERSITY PRESS
LONGMANS, GREEN & CO
LONDON, NEW YORK, BOMBAY, ETC.
1920

PREFACE

THIS Phonetic Reader, the first of its kind to be published in England, aims at furnishing passages of Spanish suitably transcribed and at the same time passages worth learning by heart or reading again and again.

It may be said that a pioneer reader should present colloquial Spanish rather than literary—the Spanish which the learner will principally hear and first learns to speak. The compiler has in fact such a book in preparation. But the present reader was given preference of publication because by far the larger proportion of the students who will use this book will be adolescents and adults who are capable of appreciating great literature For the same reason one long period of Spanish literary history has been left almost unrepresented, to allow the inclusion of passages of the greatest literary merit. Every one of the extracts transcribed is worth learning, and every one of the authors drawn upon will repay individual search and diligent study.

All students of Spanish phonetics owe much to Sr. D. T. Navarro Tomás, whose recent *Manual de*

Pronunciación Española has been more than once followed by the compiler in opposition to his earlier judgement. But the fact that the present volume is a practical class-room manual, intended principally for English students, accounts for the broader transcription employed, and the insistence (even to the point of exaggeration) upon details where Englishmen most commonly err

Limits of space forbid an adequate introduction, but a table of sounds and a few hints on the use of the book precede the text.

The compiler's warmest thanks are due to his friend Sr. D. José Plá, without whose sympathetic interest and practical help this book would have been very much delayed. To Mr. Daniel Jones and the officials of the Manchester University Press he also desires to record his great indebtedness. The book has been produced under such strenuous teaching conditions that it can hardly be free from errors, but it is hoped that the care which has been taken in revision may not have been without effect.

E. A. P.

LIVERPOOL, *February* 1920.

CONTENTS

NOTES ON THE TRANSCRIPTION

THE vowels, except a, are generally shorter and less close than in French. Special care should be taken in pronouncing the continuants υ, ð, g which are very characteristic. υ may represent either *b* or *v*, which are indistinguishable from one another. ð is less tense and interdental than the English voiced *th*, in the termination -aðo and in some final positions it all but disappears. Labiodental ɱ occurs only before *f*. r is strongly trilled, ɹ being a single flap of the tongue. The point of articulation of x is farther back than in German, and I have classed it here as uvular.

In Spanish t the point of the tongue is lower even than in French t; in s, on the other hand, it is higher, touching the top of the upper teeth, and the resultant sound is semi-palatal. Note that intervocal *s* is pronounced as s, not as z

Perhaps no satisfactory conclusion has been reached as yet with regard to the sound which Sr. Navarro writes as ĉ, and which in this book, at the suggestion of Sr. Plá, appears as cʃ. This is, however, at least an improvement on tʃ, the only other form in which I have seen it written.

[illegible] of the vowels [illegible] which is [illegible] Spanish [illegible] adopted [illegible] Where [illegible] would cause a [illegible] has been [illegible]

Words [illegible] except where marked, [illegible] stress being on the penultimate unless the word ends in a consonant other than [illegible] when it falls on the last syllable. [illegible] stress is so complicated and variable that in this simple book it has been thought best to [illegible] (together with intonation) to the teacher.

The signs [illegible] represent long and short pauses respectively. The short pause does not generally prevent [illegible] or assimilation of consonants. As the standard of speech adopted is that of ordinary reading, and exaggerations both on the oratorical and on the monotonous side have been avoided, so it has been attempted to strike a mean in the indication of pauses, though their frequency must of course vary with the nature of the piece.

Table of Spanish Speech Sounds

		Lips (Bilabial)	Lip-Teeth (Labiodental)	Point and blade (Interdental)	Point and blade (Dental)	Point and blade (Alveolar)	Front of tongue (Palatal)	Back of tongue (Velar)	Uvula
Consonants	Plosive (Stop)	p b			t d			k g	
	Nasal	m	ɱ			n	ɲ	ŋ	
	Lingual — Lateral					l	ʎ		
	Lingual — Trilled					r ɹ			
	Affricate						ʧ		
	Fricative (Continuant)	ƀ w	f	θ ð		s z	j	ǥ	χ
Semi-Consonants		ŭ					ĭ	ŭ	
Vowels	Tongue highest						i	u	
	Tongue half-way						e	o	
	Tongue lowest						a		

A PHONETIC SPANISH READER

Garcilaso de la Vega

1. dos sonetos

seɲoɹa mía | si ðe ʋoz jo̭ a̭ṷsent(e)
en esta ʋiða tuɹo̭ i̭ no me mŭeɹo |
paɹéθeme kḙ o̭fendo̭ a̭ lo kḙ o̭s kieɹo |
j al ʋien de ke goθaɹa̭ ḙn seɹ pɹesente |
tɹas este lŭeɡo sĭent otɹo̭ a̭gθiðente |
j ez ʋeɹ ke si ðe ʋiða ðesespeɹo |
jo pĭeɹðo kŭanto ʋĭem bĭendos espeɹo |
j así ḙstoj em miz malez ðifeɹente ||
en esta ðifeɹenθĭa | mis sentiðos
kombateŋ kon tan áspeɹa poɹfía |
ke no se kḙ a̭θeɹm en tal tamaɲo ||
nuŋka̭ entɹe si loz ʋeo sino reɲiðos ||
de tal aɹte pelean nocʃḙ i̭ ðia |
ke solo se konθĭeɹtan em mi ðaɲo ||

---

amoɹ | amoɹ | un áʋito̭ ḙ ʋestiðo
ðel paɲo ðe tu tĭenda ʋĭeŋ koɹtaðo |
al ʋestiɹ lḙ a̭ʎé ancʃo j olgaðo |
peɹo ðespŭés estɹecʃo̭ i̭ ðesaʋɹiðo ||
despŭés aká ðḙ a̭ʋeɹlo konsentiðo |
tal arepentimĭento mḙ a̭ tomaðo |
ke pɹŭeʋo̭ a̭lguna ʋeθ | ðe koŋgoxaðo̭ |
a̭ rompeɹ ðeste paɲo̭ este ʋestiðo ||

Garcilaso de la Vega (1503–1536)

1. Dos Sonetos

Señora mía, si de vos yo ausente
En esta vida turo[1] y no me muero,
Paréceme que ofendo a lo que os quiero,
Y al bien de que gozaba en ser presente.
  Tras este, luego siento otro accidente
Y es ver que si de vida desespero,
Yo pierdo cuanto bien viéndoos espero;
Y así estoy en mis males diferente
  En esta diferencia mis sentidos
Combaten con tan áspera porfía
Que no sé qué hacerme en tal tamaño.
  Nunca entre sí los veo sino reñidos;
De tal arte pelean noche y día,
Que sólo se conciertan en mi daño.

  Amor, amor, un hábito he vestido
Del paño de tu tienda, bien cortado;
Al vestir le hallé ancho y holgado,
Pero después estrecho y desabrido
  Después acá de haberlo consentido,
Tal arrepentimiento me ha tomado,
Que pruebo alguna vez, de congojado,
A romper deste paño este vestido.

[1] = me detengo.

mas ¿kĭem poðɹá ðeste árito liʋɹaɹse |
tenĭendo taŋ kontɹaɹía su natuɹa |
ke kon el a ʋeniðo a koŋfoɹmaɹse? ||
si alguna paɹte keða poɹ ʋentuɹa
ðe mi raθóm | poɹ mi n osa mostɹaɹse |
k en tal kontɹaðiθĭón no está segura ||

AUTOR ANÓNIMO

2. *laθaɹiʎo ðe *toɹmes

bisto esto | i laz malaz ʋuɹlas k el θĭego ʋuɹlaʋa ðe mi | ðeteɹminé ðe toðo en toðo ðexaɹle || i komo lo tenía pensaðo i lo tenía em boluntað | kon este postɹeɹ xŭego ke me iθo | afiɹmelo mas | i fŭe así | ke lŭeg otɹo ðía salimos poɹ la ʋiʎ a peðiɹ limozna | j aʋía ʎoʋiðo mucʃo la nocʃe antes | i poɹk el día también ʎoʋí(a) | andaʋa reθando ðeʋaxo ðe unos poɹtales | k en akel pŭeʋlo aʋía | ðonde no noz moxáʋamos mas komo la nocʃe se ʋenía | j el ʎoʋeɹ no θesaʋa | ðixom el θĭego || *laθaɹo | est agŭa ez mŭi poɹfĭaða | i kŭanto la nocʃe mas θĭera | maz reθĭa || akoxámonos a la posaða kon tĭempo || paɹa iɹ aʎá aʋíamoz ðe pasaɹ un aɹojo | ke kon la mucʃ agŭa iʋa gɹande || jo le ðixe | tío | el arojo ʋa mŭi ancʃo || mas si keɹéiz | jo ʋeo poɹ ðonde atɹaʋesemoz mas aina sin noz moxaɹ | poɹke s estɹecʃ aʎí mucʃo i i saltando pasaɹemos a pĭe (e)ŋxuto || paɹeθĭole ʋŭeŋ konsexo | i ðixo || diskɹeto eɹes | poɹ eso te kĭeɹo ʋĭen ʎévame a ese lugaɹ | ðond el arojo s ensaŋgosta | ke aoɹa es imbĭeɹno | i saʋe mal el agŭa | i maz ʎeʋaɹ los pĭez moxaðos || jo ke ʋi el apaɹexo a mi ðeseo | sakele ðeʋaxo ðe los poɹtales | i ʎeʋelo ðeɹecʃo ðe um pilaɹ o poste ðe pĭeðɹa k en la plaθa estaʋa | soʋɹ el kŭal | i soʋɹe otɹos | kaɹgaʋan saleðiθoz ðe

Mas ¿quién podrá deste hábito librarse,
Teniendo tan contraria su natura,
Que con él ha venido a conformarse?
  Si alguna parte queda por ventura
De mi razón, por mí no osa mostrarse;
Que en tal contradición no está segura

AUTOR ANÓNIMO

2. Lazarillo de Tormes (1554)

Visto esto y las malas burlas que el ciego burlaba de mi, determiné de todo en todo dejarle, y como lo tenía pensado y lo tenía en voluntad, con este postrer juego que me hizo, afirmélo más; y fue así, que luego otro día salimos por la villa a pedir limosna, y había llovido mucho la noche antes; y porque el día también llovía, andaba rezando debajo de unos portales, que en aquel pueblo había, donde no nos mojábamos; mas como la noche se venía, y el llover no cesaba, díjome el ciego: Lázaro, esta agua es muy porfiada, y cuanto la noche más cierra, más recia; acojámonos a la posada con tiempo. Para ir allá habíamos de pasar un arroyo, que con la mucha agua iba grande. Yo le dije: Tío, el arroyo va muy ancho; mas si queréis, yo veo por donde atravesemos más aina sin nos mojar, porque se estrecha allí mucho, y saltando pasaremos a pié enjuto. Parecióle buen consejo, y dijo: discreto eres; por eso te quiero bien: llévame a ese lugar, donde el arroyo se ensangosta, que ahora es invierno, y sabe mal el agua, y más llevar los pies mojados. Yo que ví el aparejo a mi deseo, saquéle debajo de los portales, y llevélo derecho de un pilar o poste de piedra que en la plaza estaba, sobre el cual, y akeʎas kasas | i ðíxele | tío | est es el paso mas aŋgosto k en el arojo ai | komo ʎovía reθio | j el tɹiste se moxava | i kon la pɹisa ke ʎeváramoz ðe saliɹ ðel agŭa k enθima nos kaía | i lo mas pɹinθipal poɹke *ðĭoz le θegó akeʎa oɹa el entendimĭento poɹ ðaɹme ð el veŋganθa | kɹejose ðe mi (1) ðixo |, pomme vĭen deɹecʃo | i salta tu el aɹojo jo le puse vĭen deɹecʃo emfɹente ðel pilaɹ | i ðoj un salto | i póŋgome ðetɹáz ðel poste | komo kĭen espeɹa tope ðe toɹo | i ðíxele , sus saltad toðo lo ke poðáis | poɹke ðeiz ðeste kavo ðel agŭa aun apenaz lo aví(a) akavaðo ðe ðeθiɹ | kŭando se avalanθa el poɹe θĭego | komo kavɹón | i ðe toða su fŭeɹθ(a) aremete tomando um paso atɹáz ðe la koriða | paɹ aθeɹ majoɹ salto | i ða kon la kaveθa en el poste | ke sonó tan reθio komo si ðĭeɹa kon una graŋ kalavaθa | i kajó lŭego par atɹáz | meðĭo mŭeɹto j endiða la kaveθa |. ¿kom olistez la loŋganiθa i no el poste? | wele | wele | le ðixe jo | i ðexel em poðeɹ ðe mucʃa xente ke lo avia iðo a sokoreɹ | i tomé la pŭeɹta ðe la viʎa en los pĭez ðe un tɹote | j antes ke la noecʃe viniese | ði kommigo en *torixos no supe maz lo ke *ðĭos iθo ðel | ni pɹokuɹé ðe saveɹlo ||

Santa Teresa de Jesús

3. laz moɹaðas

estand(o) oi suplikando a nŭestɹo *seɲoɹ avlase poɹ mi | poɹke jo no atinava kosa ke ðeθiɹ | ni komo komenθaɹ a kumpliɹ esta oveðĭenθĭa | se me ofɹeθĭó lo ke aoɹa ðiɹé | paɹa komenθaɹ kon algúŋ fundamento | k es | konsiðeɹaɹ nŭestɹ alma | komo uŋ kastiʎo toðo ðe un dĭamante o mŭi klaɹo kɹistal | a ðonde ai sobre otros cargaban saledizos de aquellas casas, y díjele Tío, este es el paso más angosto que en el arroyo hay. Como llovía recio, y el triste se mojaba, y con la priesa que llevábamos de salir del agua que encima nos caía, y lo más principal, porque Dios le cegó aquella hora el entendimiento por darme de él venganza, creyóse de mí, y dijo: Ponme bien derecho, y salta tú el arroyo Yo le puse bien derecho, enfrente del pilar, y doy un salto, y póngome detrás del poste como quien espera tope de toro, y díjele: Sus, saltad todo lo que podáis, porque deis deste cabo del agua. Aun apenas lo había acabado de decir, cuando se abalanza el pobre ciego como cabrón, y de toda su fuerza arremete tomando un paso atrás de la corrida para hacer mayor salto, y da con la cabeza en el poste, que sonó tan recio, como si diera con una gran calabaza, y cayó luego para atrás medio muerto, y hendida la cabeza ¿Cómo olistes la longaniza y no el poste? Huele, huele, le dije yo, y dejéle en poder de mucha gente que lo había ido a socorrer y tomé la puerta de la villa en los pies de un trote, y antes que la noche viniese, dí conmigo en Torrijos. No supe más lo que Dios hizo dél, ni procuré de saberlo.

Santa Teresa de Jesús (1515–1582)

3. Las Moradas (1577)

Estando hoy suplicando a nuestro Señor hablase por mí, porque yo no atinaba cosa qué decir, ni cómo comenzar a cumplir esta obediencia, se me ofreció lo que ahora diré, para comenzar con algún fundamento; que es, considerar nuestra alma como un castillo todo de un diamante, o muy claro cristal, muʃos aposentos | así komo ęn el θíelǫ ai̯ muʃaz moɹaðas | ke si ʋĭen lo konsiðeɹamos | eɹmanaz | no̭ ęs otɹa kosa̭ ęl alma ðel xusto | sino̭ ṷm paɹaíso̭ | a̭ ðonde ðiθ *el tĭene suz ðelei̯tes | pŭes ¿ke tal os paɹeθe ke seɹá ęl aposento̭ a̭ ðondḙ ṷn rei̯ tam poðeɹoso | tan saʋio | tan limpĭo | tan ʎeno ðe toðoz loz ʋĭenes se ðelei̯ta? || no̭ aʎo jo kosa koŋ ke kompaɹaɹ la gɹan eɹmosuɹa ðḙ ṷn alma̭ i̭ la gɹaŋ kapaθiðað || i ʋeɹðaðeɹamentḙ | a̭penaz ðeʋen ʎegaɹ nŭestɹos entendimĭentos | poɹ aguðos ke fŭesen | a kompɹen-deɹla | así komo no pŭeðen ʎegaɹ a konsiðeɹaɹ a *ðĭos pŭes *el mizmo ðiθe ke nos kɹió a̭ sṷ i̭maxen i semexanθa || pŭes si̭ esto̭ ęs | komo lo̭ ęs | no̭ ai̭ paɹa ke nos kansaɹ eŋ keɹeɹ kompɹendeɹ la̭ ęɹmosuɹa ðeste kastiʎo | poɹke pŭesto kę ai̭ la ðifeɹenθía ðel a *ðíos | ke ðel *kɹeaðoɹ a la kɹĭatuɹa | pŭes es kɹĭatuɹa | ʋasta ðeθiɹ su *maxestað k es eʃ a sṷ i̭maxem paɹa ke poðamos entendeɹ la gɹan digniðað j eɹmosuɹa ðel ánima | no̭ ęs pekeɲa lástima̭ i̭ koŋfusĭóŋ | ke poɹ nŭestɹa kulpa no̭ ęntendamos a nosotɹoz mizmos ni sepamos kĭen somos || ¿no seɹía gɹan ignoɹanθía̭ ixaz mías | ke pɹeguntasen a̭ uno kĭen es | i no se konoθiese | ni supĭese kĭeŋ fŭe su paðɹe | ni su maðɹe | ni ðe ke tĭeɹa? || pŭes si̭ esto seɹía gɹam bestĭaliðað | siŋ kompaɹaθĭón ez majoɹ la kę ai̭ ęn nosotɹas | kŭando no pɹokuɹamos saʋeɹ ke kosa somos | sino ke noz ðetenemos en estos kŭerpoz | j así a̭ ʋulto | (poɹke lo̭ emos oíðo̭ i̭ poɹke noz lo ðiθe la fe) | saʋemos ke tenemos almas || mas ke ʋĭenes pŭeðḙ a̭ʋeɹ en estḙ alma̭ | o̭ kĭen está ðentɹo̭ ęn estḙ alma̭ | o̭ ęl gɹam ʋaloɹ ðeʎa | pokaz ʋeθez lo konsiðe-ɹamoz | j así se tĭen en tam poko pɹokuɹaɹ kon toðo kŭiðaðo konseɹʋaɹ sṷ ęɹmosuɹa || toðo se noz ʋ(e) en la gɹoseɹía ðel eŋgastḙ o̭ θeɹka ðeste *kastiʎo | ke, a donde hay muchos aposentos; así como en el cielo hay muchas moradas. Que si bien lo consideramos, hermanas, no es otra cosa el alma del justo, sino un paraíso, a donde dice El tiene sus deleites. Pues ¿qué tal os parece que será el aposento a donde un rey tan poderoso, tan sabio, tan limpio, tan lleno de todos los bienes se deleita? No hallo yo cosa con qué comparar la gran hermosura de un alma y la gran capacidad. Y verdaderamente, apenas deben llegar nuestros entendimientos, por agudos que fuesen, a comprenderla; así como no pueden llegar a considerar a Dios, pues Él mismo dice que nos crió a su imagen y semejanza. Pues si esto es, como lo es, no hay para qué nos cansar en querer comprender la hermosura deste castillo. porque puesto que hay la diferencia dél a Dios, que del Creador a la criatura, pues es criatura, basta decir su Majestad que es hecha a su imagen, para que podamos entender la gran dignidad y hermosura del ánima. No es pequeña lástima y confusión, que por nuestra culpa no entendamos a nosotros mismos, ni sepamos quién somos ¿No sería gran ignorancia, hijas mías, que preguntasen a uno quién es, y no se conociese, ni supiese quién fué su padre, ni su madre, ni de qué tierra? Pues si esto sería gran bestialidad, sin comparación es mayor la que hay en nosotras, cuando no procuramos saber qué cosa somos, sino que nos detenemos en estos cuerpos, y así a bulto (porque lo hemos óido y porque nos lo dice la fe) sabemos que tenemos almas; mas qué bienes puede haber en este alma, o quien está dentro en este alma, o el gran valor della, pocas veces lo consideramos, y así se tiene en tan poco procurar con todo cuidado conservar su hermosura. Todo se nos ve en la grosería del engaste o cerca deste Castillo, que son

son estos kŭeɹpos | pŭes konsiðeɹemos | k este kastiʎo tĭene | komo e ðicʃo | mucʃaz *moɹaðas | unas en lo alt(o) | otɹas em bax(o) | otɹas a loz laðoz j en el θentɹo | i mitað ðe toðas estas tĭene la mas pɹinθipal | k es a ðonde pasan las kosaz ðe mucʃo sekɹeto entɹe *ðĭoz j el alma

San Juan de la Cruz

4. oɹaz místikaz j espiɹitŭales

en una nocʃ eskuɹa
kon ansĭas en amoɹes iɱflamaða |
¡o ðicʃosa ventuɹa! |
salí sin seɹ notaða |
estando ja mi kasa sosegaða ;

a eskuɹas i seguɹa
poɹ la sekɹeta eskala ðisfɹaθaða
¡o ðicʃosa ventuɹa!
a eskuɹas | enθelaða |
estando ja mi kasa sosegaða

en la nocʃe ðicʃosa |
en sekɹeto ke naðie me veía |
ni jo miɹava kosa |
sin otɹa luθ ni gia
sino la k en el koɹaθón aɹðía

akesta me giava
mas θĭeɹto ke la luθ ðe meðĭo ðia |
aðonde m espeɹava
kĭen jo vĭem me savía |
em paɹte ðonde naðĭe paɹeθia

estos cuerpos. Pues consideremos que este castillo tiene, como he dicho, muchas Moradas, unas en lo alto, otras en bajo, otras a los lados y en el centro, y mitad de todas éstas tiene la más principal, que es a donde pasan las cosas de mucho secreto entre Dios y el alma.

San Juan de la Cruz (1542–1591)

4. Obras místicas y espirituales

En una noche escura,
Con ansias en amores inflamada,
¡Oh dichosa ventura!
Salí sin ser notada,
Estando ya mi casa sosegada

A escuras y segura,
Por la secreta escala disfrazada,
¡Oh dichosa ventura!
A escuras, encelada,
Estando ya mi casa sosegada.

En la noche dichosa,
En secreto que nadie me veía,
Ni yo miraba cosa,
Sin otra luz ni guía
Sino la que en el corazón ardía.

Aquesta me guiaba
Mas cierto que la luz de medio día
Adonde me esperaba
Quien yo bien me sabía,
En parte donde nadie parecía.

¡o noc∫e | ke gïaste ||
o noc∫e amarle mas k el alϐoɹaða ¡
o noc∫e | ke xuntaste
amaðo kon amað(a) |
amaða en el *amaðo tɹasfoɹmaða! ||

em mi pec∫o floɹiðo |
k enteɹo paɹa el solo se gŭaɹðaϐa |
aʎí keðó ðoɹmiðo |
i jo le regalaϐa |
j el ϐentaʎe ðe θeðɹos aiɹe ðaϐa ||

el aiɹe ðel almena |
kŭando ja sus kaϐeʎos espaɹθía |
kon su mano seɹena |
em mi kŭeʎo eɹía |
i toðoz mis sentiðos suspendía ||

keðeme j olϐiðeme |
el ɹostɹo reklmé soϐɹ el *amaðo |
θesó toðo | i ðexeme |
ðexando mi kŭiðaðo
entɹe las aθuθenas olϐiðaðo ||

¡o ʎama ðe amoɹ ϐiϐa |
ke tïeɹnamente jeɹez
mi alma en el mas pɹofundo θentɹo! ||
pŭez ja no eɹes eskiϐa |
akaϐa ja | si kïeɹez |
rompe la tela ðeste ðulθ eŋkŭentɹo ||

¡o kaŭtiϐeɹïo sŭaϐe! ||
¡o regalaða ʎaga! ||

¡Oh noche, que guiaste,
Oh noche amable más que el alborada,
Oh noche, que juntaste
Amado con amada,
Amada en el Amado transformada!

En mi pecho florido,
Que entero para él solo se guardaba,
Allí quedó dormido,
Y yo le regalaba,
Y el ventalle de cedros aire daba.

El aire del almena,
Cuando ya sus cabellos esparcía
Con su mano serena,
En mi cuello hería
Y todos mis sentidos suspendía.

Quedéme y olvidéme,
El rostro recliné sobre el Amado;
Cesó todo y dejéme,
Dejando mi cuidado
Entre las azucenas olvidado.

¡Oh llama de amor viva,
Que tiernamente hieres
Mi alma en el mas profundo centro!
Pues ya no eres esquiva,
Acaba ya, si quieres,
Rompe la tela deste dulce encuentro.

¡O cautiverio suave!
¡Oh regalada llaga!

¡o mano βlanda̯! | ¡o̯ toke ðelikaðo |
ke̯ a̯ βiða̯ e̯teɹna saβe̯ |
i̯ toða ðeu̯ða paga |
matando | mŭeɹt em biða lo̯ as tɹokaðo! ||

¡o lámpaɹaz ðe fŭego |
eŋ kujoz resplandoɹez
las pɹofundas kaβeɹnaz ðel sentiðo
k estaβa̯ e̯skuɹo̯ i̯ θĭego |
kon egstɹaɲos pɹimoɹes
kaloɹ i luθ ðaŋ xunto̯ a̯ su keɹiðo! ||

¡kŭam manso i̯ amoɹoso
rekŭeɹðas em mi seno |
ðonde sekɹetamente solo moɹas |
i̯ en tu̯ a̯spiɹaɹ saβɹoso |
ðe βĭen i gloɹĭa ʎeno |
kŭan delikaðamente m enamoɹas

Fray Luis de Granada

Del Símbolo de la Fe

5 **de la feɹtiliðað i plantas i fɹutoz ðe la tĭera**

despŭéz ðe la tĭera | sígese ke tɹatemoz más em paɹtikulaɹ ðe la feɹtiliðað i fɹutoz ðeʎa || i̯ esto̯ e̯z ja komenθaɹ a tɹataɹ ðe las kosas ke tĭenem biða || poɹke las ke̯ ast akí a̯βemoz refeɹiðo ke son θĭelos | estɹeʎas | elementos | kon toðoz los otɹoz migstos impeɹfektoz | no la tĭenen || i poɹke las kosas ke tĭenem biða | som mas peɹfektas ke las ke kaɹeθen deʎa | resplandeθe mas en estaz la saβiðuɹía̯ i̯ pɹoβiðenθĭa ðel *kɹĭaðoɹ | i kŭanto fŭeɹe mas peɹfekta la βiða | tanto mas klaɹo testimonĭo noz ða ðel aɹtífiθe ke la̯ iθo | komo̯ e̯n el

¡O mano blanda! ¡Oh toque delicado,
Que a vida eterna sabe,
Y toda deuda paga,
Matando, muerte en vida lo has trocado!

¡Oh lámparas de fuego,
En cuyos resplandores
Las profundas cavernas del sentido
Que estaba escuro y ciego,
Con extraños primores
Calor y luz dan junto a su querido!

¡Cuán manso y amoroso
Recuerdas en mi seno,
Donde secretamente solo moras,
Y en tu aspirar sabroso,
De bien y gloria lleno,
Cuán delicadamente me enamoras.

Fray Luis de Granada (1504–1588)

Del Símbolo de la Fe (1582)

5 De la fertilidad y plantas y frutos de la tierra

Después de la tierra síguese que tratemos más en particular de la fertilidad y frutos della. Y esto es ya comenzar a tratar de las cosas que tienen vida. Porque las que hasta aquí habemos referido, que son cielos, estrellas, elementos, con todos los otros mixtos imperfectos, no la tienen. Y porque las cosas que tienen vida son más perfectas que las que carecen della, resplandece más en estas la sabiduría y providencia del Criador, y cuanto fuere más perfecta la vida, tanto más claro testimonio nos da del artífice pɹoθeso se ʋeɹá | poɹke no̭ ḙz *ðĭos | (komo sŭelen deθiɹ) | aʎegaðoɹ ðe la θeniθa̭ i ðeɹɹamaðoɹ ðe l aɹina || mas antes | kŭanto son las kosaz mas peɹfektas | tanto majoɹ kŭiðaðo̭ i̭ pɹoʋiðenθĭa tĭene ðeʎas | i tanto maz ðeskuʋɹ en eʎaz la gɹandeθa ðe su saʋiðuɹía || i poɹke supĭésemos | kḙ a̭ el solo ðeʋíamos este taŋ xeneɹal ʋenefiθĭo ðe los fɹutoz ðe la tĭera | los kɹió a̭l teɹθeɹo ðía | ke fŭḙ antes ke kɹĭas el sol | i la luna̭ | i̭ los otɹos planetas | (koŋ kuja ʋiɹtuð ḙ iŋflŭenθĭa naθen i se kɹian las plantas) | j antes kḙ ŭʋĭese semiʎaz ðe ðo naθĭeseŋ | komo̭ a̭oɹa naθen || de maneɹa ke la ʋiɹtuð sola ðe sṷ o̭mnipotente palaʋɹa | suplĭó la kau̯sa mateɹĭal j efiθĭente ðe toðaz las plantaz j áɹʋolez ðe la tĭera toða̭ esta ʋaɹĭeðá ð espeθĭes inumeɹaʋlez no le kostó mas ke solas estas palaʋɹas || pɹoðuθka la tĭera jeɹʋa ʋeɹðe | ke teŋga ðentɹo ðe si su semiʎa | j áɹʋoles fɹutales según sus espeθĭes | oíðo pŭes este mandamĭento | lŭego paɹĭó la tĭera̭ | i̭ se ʋistĭó ðe ʋeɹðuɹa̭ | i̭ ɹeθiʋĭó ʋiɹtú ðe fɹuktifikaɹ || i sḙ a̭taʋĭó j eɹmoseó kon diʋeɹsas floɹes | mas ¿kĭem poðɹá ðeklaɹaɹ la̭ ḙɹmosuɹa ðe los kampos | el oloɹ | la sŭaʋiðað | j el ðeleite ðe loz laʋɹaðoɹes? || ¿ke poðɹán nŭestɹas palaʋɹaz ðeθiɹ ðesta̭ ḙɹmosuɹa? || mas tenemos testimonĭo ðe la̭ *ḙskɹituɹa̭ | ḙn la kŭal el *santo *patɹĭaɹka kompaɹó ḙl oloɹ ðe los kampos féɹtiles kon la ʋendiθĭón i gɹaθĭa ðe los santos || el oloɹ | ðixo̭ el | de mi ixo̭ | ḙs komo̭ ḙl del kampo ʎeno || ¿kĭem poðɹá ðeklaɹaɹ la̭ ḙɹmosuɹa ðe laz ʋĭoletaz moɹaðaz | ðe loz ʋlaŋkoz liɹĭoz | ðe laz resplandeθĭentez rosas | i la gɹaθĭa ðe los pɹaðos | pintaðos kon diʋeɹsos koloɹez ðe floɹes | unaz ðe koloɹ ðḙ oɹo | j otɹaz ðe gɹana̭ | otɹas entɹeʋeɹaðas i pintaðas kon diʋeɹsos koloɹes? || en las kŭalez no saʋɹéi̭s k es lo ke mas os agɹaðḙ | o̭ ḙl koloɹ ðe la floɹ | o la gɹaθĭa ðe la figuɹa̭ | o̭ la que la hizo, como en el proceso se verá. Porque no es Dios (como suelen decir) allegador de la ceniza y derramador de la harina, mas antes, cuanto son las cosas más perfectas, tanto mayor cuidado y providencia tiene dellas, y tanto más descubre en ellas la grandeza de su sabiduriá. Y porque supiésemos que a él solo debíamos este tan general beneficio de los fructos de la tierra, los crió al tercero día, que fué antes que criase el sol, y la luna, y los otros planetas (con cuya virtud e influencia nacen y se crian las plantas), y antes que hubiese semillas de do naciesen, como ahora nacen. De manera que la virtud sola de su omnipotente palabra suplió la causa material y eficiente de todas las plantas y árboles de la tierra. Toda esta variedad de especies innumerables no le costó más que solas estas palabras: Produzca la tierra yerba verde, que tenga dentro de sí su semilla, y árboles frutales según sus especies, etc. Oído pues este mandamiento, luego parió la tierra, y se vistió de verdura y recibió virtud de fructificar, y se atavió y hermoseó con diversas flores. Mas ¿quién podrá declarar la hermosura de los campos, el olor, la suavidad y el deleite de los labradores? ¿Qué podrán nuestras palabras decir desta hermosura? Mas tenemos testimonio de la Escriptura, en la cual el Sancto Patriarca comparó el olor de los campos fértiles con la bendición y gracia de los sanctos. El olor, dijo él, de mi hijo es como el del campo lleno. ¿Quién podrá declarar la hermosura de las violetas moradas, de los blancos lirios, de las resplandecientes rosas, y la gracia de los prados pintados con diversos colores de flores, unas de color de oro y otras de grana, otras entreveradas y pintadas con diversos colores? En las cuales no sabréis qué es lo que más os agrade, o el color de la flor, o la gracia de la sŭaviδá δel oloɪ | apaθĭéntanse los oxos kon est eɪmoso̯ espeɡtákulo̯ | i̯ la sŭaviδá δel oloɪ ke se δerama poɪ el aɪe | δeleɪta̯ e̯l sentiδo δel oleɹ || tal es esta ɡɹaθĭa k el mizmo *kɹĭaδoɹ l aplik a si δiθĭendo || la̯ eɪmosuɹa δel kampo̯ está e̯n mi || poɪke ¿ke̯ otɹo̯ aɪtífiθe fŭeɪa bastante | paɹa kɹiaɹ tanta vaɾĭeδá δe kosas tan eɪmosas? | poneδ los oxos en el aθuθena̯ i̯ miɪaδ kŭanta sea la blaŋkuɪa δesta floɹ i δe la maneɹa k el pĭe δeʎa sube̯ a̯ lo̯ alto̯ | a̯kompaɲaδo kon sus oxɪkas pekeɲas | i δespŭéz viene̯ (a) a̯θeɹ en lo̯ alto̯ u̯na foɪma δe kopa̯ | i̯ δentɹo tĭene̯ u̯noz ɡɹanos komo δe̯ oɹo | δe tal maneɹa θeɹkaδos ke δe naδĭe pŭeδan reθiviɪ δaɲo si̯ alɡuno koxĭeɹ esta floɹ i le kitaɹe las oxas | ¿ke mano δe̯ o̯fiθĭal poδɹá (a)θeɹ otɹa ke̯ i̯ɡŭale kon eʎa | pŭes el mizmo *kɹĭaδoɹ las alabó kŭando δixo ke ni *salomón en toδa su ɡloɹĭa se vistĭó tan ɪikamente komo̯ una δestas floɹes? ||

Fray Luis de León

6. la peɹfekta kasaδa

mucʃo s eŋɡaɲan las ke pĭensaŋ ke mĭentɹas eʎas | kuja̯ e̯s la kasa | j a kĭem pɹopĭamente toka̯ e̯l bĭen j el mal deʎa | δŭeɹmen i se δeskŭiδaŋ | kŭiδaɹá i̯ velaɹá la kɹĭaδa | ke no le toka̯ | i̯ ke̯ a̯l fin lo miɹa toδo komo̯ a̯xeno || poɹke si̯ e̯l amo δŭeɹme | ¿poɹ ké δespeɹtaɹá e̯l kɹĭaδo? || i si la seɲoɹa | k ez j a δe seɹ el exemplo̯ i̯ la maestɹa δe su familĭa̯ | i̯ δe kĭen a δe̯ a̯pɹendeɹ kaδa̯ una δe sus kɹĭaδaz lo ke kombĭene̯ a̯ su̯ o̯fiθĭo | se̯ o̯lviδa δe toδo | poɹ la mizma raθón | i kom majoɪ raθón | loz δemás seɹán olviδaδɪθos i δaδos al sŭeɲo || bĭen dixo *aɹistóteles | en este mizmo pɹopósito | k el ke no tĭene bŭen decʃaδo no pŭe̯δe figura, o la suavidad del olor. Apaciéntanse los ojos con este hermoso espectáculo, y la suavidad del olor que se derrama por el aire, deleita el sentido del oler. Tal es esta gracia que el mismo Criador la aplica a sí diciendo: La hermosura del campo está en mí. Porque ¿qué otro artífice fuera bastante para criar tanta variedad de cosas tan hermosas? Poned los ojos en el azucena, y mirad cuánta sea la blancura desta flor, y de la manera que el pié della sube a lo alto acompañado con sus hojicas pequeñas, y después viene a hacer en lo alto una forma de copa, y dentro tiene unos granos como de oro, de tal manera cercados que de nadie puedan recibir daño Si alguno cogiere esta flor y le quitare las hojas, ¿qué mano de oficial podrá hacer otra que iguale con ella, pues el mismo Criador las alabó cuando dijo, que ni Salomón en toda su gloria se vistió tan ricamente como una destas flores?

Fray Luis de León (1537-1591)

6. La Perfecta Casada (1583)

Mucho se engañan las que piensan que mientras ellas, cuya es la casa, y a quien propiamente toca el bien y el mal della, duermen y se descuidan, cuidará y velará la criada, que no le toca y que al fin lo mira todo como ajeno. Porque, si el amo duerme, ¿por qué despertará el criado? Y si la señora, que es y ha de ser el ejemplo y la maestra de su familia, y de quien ha de aprender cada una de sus criadas lo que conviene a su oficio, se olvida de todo, por la misma razón, y con mayor razón, los demás serán olvidadizos y dados al sueño Bien dijo Aristóteles, en este mismo propósito, que él que no tiene buen dechado seɹ ƀŭen remeðaðoɹ | no poðɹá el sĭeɹvo miɹaɹ poɹ la kasa | si ve k el dŭeɲo se ðeskŭiða ðeʎa || de maneɹa ke a ðe maðɹugaɹ la kasaða | paɹa ke maðɹuge su familĭa | poɹke a ð entendeɹ ke su kasa es uŋ kŭeɹpo | i k eʎa es el alma ðel | i ke | komo loz mĭembɹoz no se mŭeven si no som moviðoz ðel alm(a) | así sus kɹĭaðas | si no laz menea eʎa | i laz levanta i mŭeve a sus oƀɹaz | no se saƀɹám meneaɹ || i kŭando las kɹĭaðaz maðɹugasem poɹ si | ðuɹmĭendo su ama i no la tenĭendo poɹ testigo i poɹ gŭaɹða suja | es peoɹ ke maðɹugem poɹk entonθez la kasa | poɹ akel espaθĭo ðe tĭempo | es komo pŭeƀlo sin rei (i) sin lei | (i) komo komuniðað siŋ kaƀeθa || i no se levantan a seɹviɹ | sino a roƀaɹ i ðestɹuiɹ | j es el pɹopĭo tĭempo paɹa kŭando eʎaz gŭaɹðan sus ecʃos || poɹ ðonde | komo en el kastiʎo k está eɲ fɹonteɹa | o en el lugaɹ ke se teme ðe los enemigoz | nuŋka falta la vel(a) | así en la kasa ƀĭeŋ gŭaɹðaða | en tanto k están despĭeɹtoz los enemigos | ke son los kɹĭaðos | sĭempɹe a ðe velaɹ el seɲoɹ || el es el ke a ðe iɹ al lecʃo el postɹeɹo | j el pɹimeɹo ke a ðe levantaɹse ðel lecʃo || i la seɲoɹa i la kasaða ke akesto no ɹθĭeɹe | aga el ánimo ancʃo a su gɹan dezventuɹa | peɹsŭaðiða i θĭeɹta ke le an d entɹaɹ los enemigos el fŭeɹte | i ke un día sentiɹá el daɲo | j otɹo veɹá el roƀo | i ðe kontino el enoxo j el mal rekaŭðo i seɹviθĭo | i ke | al mal de l aθĭend(a) | akompaɲaɹá tambĭén el mal de la onra || i komo ðiθe *kɹisto en el *evaŋxelĭo | ke mĭentɹas el paðɹe ðe la familĭa ðŭeɹme | sĭembɹa el enemigo la θiθaɲ(a) | así eʎa kon su ðeskŭiðo i sŭeɲo meteɹá la liƀeɹtað i la ðesonestiðað poɹ su kasa | ke aƀɹiɹá las pŭeɹtas | i falseaɹá laz ʎaves | i kebɹantaɹá los kandaðos | i penetɹaɹá asta los postɹeɹos sekɹetos | korompĭendo a las kɹĭaðas | i no paɹando asta poneɹ su iɱfiθĭón no puede ser buen remedador. No podrá el siervo mirar por la casa, si ve que el dueño se descuida della. De manera que ha de madrugar la casada para que madrugue su familia. Porque ha de entender que su casa es un cuerpo, y que ella es el alma dél, y que, como los miembros no se mueven si no son movidos del alma, así sus criadas, si no las menea ella, y las levanta y mueve a sus obras, no se sabrán menear. Y cuando las criadas madrugasen por sí, durmiendo su ama y no la teniendo por testigo y por guarda suya, es peor que madruguen, porque entonces la casa, por aquel espacio de tiempo, es como pueblo sin rey y sin ley, y como comunidad sin cabeza; y no se levantan a servir, sino a robar y destruir, y es el propio tiempo para cuando ellas guardan sus hechos. Por donde, como en el castillo que está en frontera o en el lugar que se teme de los enemigos, nunca falta la vela, así en la casa bien guardada, en tanto que están despiertos los enemigos, que son los criados, siempre ha de velar el señor. El es el que ha de ir al lecho el postrero, y el primero que ha de levantarse del lecho. Y la señora y la casada que aquesto no hiciere, haga el ánimo ancho a su gran desventura, persuadida y cierta que le han de entrar los enemigos el fuerte, y que un día sentirá el daño y otro verá el robo, y de contino el enojo y el mal recaudo y servicio, y que, al mal de la hacienda, acompañará también el mal de la honra. Y, como dice Cristo en el Evangelio, que, mientras el padre de la familia duerme, siembra el enemigo la cizaña, así ella con su descuido y sueño meterá la libertad y la deshonestidad por su casa, que abrirá las puertas y falseará las llaves y quebrantará los candados, y penetrará hasta los postreros secretos, corrompiendo a las criadas, y no parando hasta poner su infición en las ixas || koŋ ke la seɲoɹa | ke no supo̯ e̯ntonθez | ni kiso poɹ la maɲana ðespeðiɹ ðe los oxos el sŭeɲo | ni ðexaɹ ðe ðoɹmiɹ um poko | lastimaða j eɹiða̯ e̯n el koɹaθóm | pasaɹá e̯n amaɹɣos suspiɹoz mueʃaz noeʃez ɹelando ||

¡mas es tɹavaxoso̯ e̯l maðɹugaɹ | ɪ ðaɲoso paɹa la saluð! || kŭando fŭeɹ así | sĭendo poɹ otɹa paɹte tam pɹoveeʃoso̯ ɪ̯ neθesaɹĭo paɹa̯ e̯l vŭeŋ goviеɹno ðe la kasa̯ | ɪ̯ tan devido̯ a̯l ofɪθĭo ðe la ke se ʎama seɲoɹa ðeʎa | se̯ a̯vía ðe posponeɹ akel daɲo | poɹke maz ðev el ombɹe̯ a̯ su̯ o̯fɪθĭo ke̯ a̯ su kŭeɹpo̯ | i̯ majoɹ ðoloɹ ɉ eŋfeɹmeðað es tɹaeɹ ðe kontino su familĭa ðesoɹðenaða̯ ɪ̯ peɹðiða | ke paðeθeɹ um pok(o) | o̯ e̯n el estómaɣo ðe flakeθa̯ o̯ e̯n la kaveθa ðe pesaðumbɹe || peɹo̯ a̯l revés | el maðɹugaɹ es tan saluðavle | ke la raθón sola ðe la saluð | auŋke no ðespeɹtaɹa̯ e̯l kŭiðaðo j ovligaθĭón de la kas(a) | avía ðe levantaɹ ðe la kam(a) a las kasaðas en amaneθĭendo || i gŭaɹða̯ e̯n esto *ðĭos | komo̯ e̯n toðo lo ðemáz | la ðulθuɹa̯ i̯ sŭaviða ðe su savĭo goviеɹno̯ | e̯ŋ ke̯ a̯keʎo̯ a̯ ke nos ovliga̯ e̯z lo mizmo ke mas kombĭene̯ a̯ nŭestɹa natuɹaleθa | j eŋ ke reθive poɹ su seɹviθĭo lo k ez nŭestɹo pɹoveeʃo || así ke | no solo la kasa | sino tambĭén la saluð | piðe̯ a̯ la vŭena muxeɹ ke maðɹuɣe | poɹke θĭeɹto̯ e̯s k ez nŭestɹo kŭeɹpo ðel metal de los otɹos kŭeɹpos | i ke no se pŭeðe ðuðaɹ | sino ke la̯ oɹðeŋ ke gŭaɹða la natuɹaleθa paɹa̯ e̯l vĭen i konseɹvaθĭón de loz ðemás | esa mizma̯ e̯z la ke konseɹva̯ | i̯ ða saluð a los ombɹes ||

en las hijas: con que la señora que no supo entonces ni quiso por la mañana despedir de los ojos el sueño ni dejar de dormir un poco, lastimada y herida en el corazón, pasará en amargos suspiros muchas noches velando.

¡Mas es trabajoso el madrugar, y dañoso para la salud! Cuando fuera así, siendo por otra parte tan provechoso y necesario para el buen gobierno de la casa, y tan debido al oficio de la que se llama señora della, se había de posponer aquel daño, porque más debe el hombre a su oficio que a su cuerpo, y mayor dolor y enfermedad es traer de contino su familia desordenada y perdida, que padecer un poco, o en el estómago de flaqueza, o en la cabeza de pesadumbre; pero al revés, el madrugar es tan saludable, que la razón sola de la salud, aunque no despertara el cuidado y obligación de la casa, había de levantar de la cama a las casadas en amaneciendo. Y guarda en esto Dios, como en todo lo demás, la dulzura y suavidad de su sabio gobierno, en que aquello a que nos obliga, es lo mismo que más conviene a nuestra naturaleza y en que recibe por su servicio lo que es nuestro provecho. Así que, no sólo la casa, sino también la salud, pide a la buena mujer que madrugue. Porque cierto es que es nuestro cuerpo del metal de los otros cuerpos, y que no se puede dudar sino que la orden que guarda la naturaleza para el bien y conservación de los demás, esa misma es la que conserva y da salud a los hombres.

Juan de Mariana

7. pɹólogo̯ a̯ la̯ i̯stoɹĭa ð *espaɲa

al *ɹei̯ *katóliko ðe las *espaɲaz | *ðoŋ *felipe teɹθeɹo ðeste nombɹe | nŭestɹo seɲoɹ ||

los aɲos pasaðoz | mŭi poðeɹoso *seɲoɹ | puʋliké la̯ *i̯stoɹĭa xeneɹal d *espaɲa | ke kompus en latín | deʋaxo ðel ɹeal nombɹe i̯ ampaɹo ðe ʋŭestɹo paðɹ el *ɹei̯ | nŭestɹo seɲoɹ | ðe gloɹĭosa memoɹĭa || al pɹesente me̯ a̯tɹeʋo̯ a̯ o̯fɹeθeɹ la mizma pŭesta̯ e̯n leŋgŭaxe kasteʎano || komo̯ una xoja poðɹá seɹ ðe̯ a̯lguna̯ e̯stima | paɹa̯ e̯l ɹeɲaðo ðicʃoso̯ | i̯ paɹa la koɹona ðe ɹ̆ŭestɹa maxestað || seɹɹ̆iθĭo | según jo pĭenso̯ | a̯gɹaðarle̯ a̯ ɹ̆ŭestɹa ʋeniɡniðað | poɹ la gɹandeθa ðe la̯ e̯mpɹesa̯ | i̯ poɹ el deseo ke teŋgo ðe̯ a̯pɹoʋecʃaɹ i̯ seɹʋiɹ | lo ke me moʋĭó a̯ e̯skɹiʋiɹ la̯ i̯stoɹĭa latina | fŭe la falta ke ðeʎa tenía nŭestɹa̯ *e̯spaɲa | (meŋgŭa sin duða notaʋle) | mas aʋundant en aθaɲas k en eskɹitoɹes | en espeθĭal deste xaeθ || xuntamente me kombiðó a̯ tomaɹ la pluma̯ | e̯l deseo ke konoθí | los aɲos ke peɹegɹiné fŭeɹa ð espaɲa̯ | e̯n laz naθĭones egstɹaɲaz | ð entendeɹ las kosaz ðe la nŭestɹa · los pɹinθipĭos i meðĭos | poɹ ðonde s eŋkaminó a̯ la gɹandeθa ke̯ oi̯ tĭene || bolʋɹla̯ e̯n ɹomanθe | mŭi fŭeɹa ðe lo ke̯ a̯l pɹinθipĭo pensé | poɹ la̯ i̯nstanθĭa kontinŭa ke ðe ðiʋeɹsas paɹtez me̯ i̯θĭeɹon soʋɹ eʎo̯ | i̯ poɹ el poko konoθimĭento ke ðe̯ o̯ɹðinarĭo̯ oi̯ tĭenen en *espaɲa ðe la leŋgŭa latin(a) | aun los k en otɹas θĭenθĭas i pɹofesĭones se̯ a̯ʋentaxan || mas ¿ke maɹaʋiʎa | pŭez niŋguno poɹ este kamino se̯ a̯ðelanta | niŋgúm pɹemĭo̯ ai̯ e̯n el rei̯no paɹa̯ estaz letɹaz | niŋguna̯ onɹa | k ez la maðɹe ðe las aɹtes? || ke pokos estuðĭan solamente poɹ saʋeɹ ||

suplikoÌ¯ u̯mildemente reθiʋa ʋŭestɹa maxestað este

JUAN DE MARIANA (1537–1624)

7. Prólogo a la Historia de España

Al Rey Católico de las Españas Don Felipe, Tercero deste nombre, nuestro señor.

Los años pasados, muy poderoso Señor, publiqué la *Historia general de España*, que compuse en latín, debajo del real nombre y amparo de vuestro padre el Rey, nuestro señor, de gloriosa memoria. Al presente me atrevo a ofrecer la misma puesta en lenguaje castellano. Como una joya podrá ser de alguna estima para el reinado dichoso y para la corona de vuestra majestad, servicio, según yo pienso, agradable a vuestra benignidad por la grandeza de la empresa y por el deseo que tengo de aprovechar y servir. Lo que me movió a escribir la historia latina fué la falta que della tenía nuestra España (mengua sin duda notable), más abundante en hazañas que en escritores, en especial deste jaez. Juntamente me convidó a tomar la pluma el deseo que conocí los años que peregriné fuera de España, en las naciones extrañas, de entender las cosas de la nuestra; los principios y medios por donde se encaminó a la grandeza que hoy tiene. Volvíla en romance, muy fuera de lo que al principio pensé, por la instancia continua que de diversas partes me hicieron sobre ello y por el poco conocimiento que de ordinario hoy tienen en España de la lengua latina aun los que en otras ciencias y profesiones se aventajan. Mas ¿qué maravilla, pues ninguno por este camino se adelanta, ningún premio hay en el reino para estas letras, ninguna honra, que es la madre de las artes? Que pocos estudian solamente por saber. . . .

Suplico humildemente reciba vuestra majestad este

tɹaʋaxo ęn agɹaðaʋle seɹʋiθio | ke seɹá remuneɹaθióm mŭi kolmaða | si komo ʋŭestɹa maxestað a ǫkupaðǫ algunoz ratos en la legθion de ɹa istoɹia latin(a) aoɹa k el leŋgŭax ez maz ʎano i la tɹaθa mas apaθiʋle | la lejeɹe maz ðę ǫɹðinaɹio niŋguno sę atɹeʋę a ðeθiɹ a loz rejez la ʋeɹðað todos ponen la miɹa ęn sus paɹtikulaɹes miseɹia gɹandę | i ke ðe niŋguna kosa se paðeθe majoɹ meŋgŭa ęn las kasaz reales | akí l aʎaɹá ʋŭestɹa maxestað poɹ si mizmo | ɹepɹendiðas en otɹoz las taʃas | ke toðoz los ombɹez las tïenen | alaʋaðaz laz ʋiɹtuðes en los antepasaðos | aʋisoz i exemplos paɹa los kasos paɹtikulaɹes ke se pŭeðen ofɹeθeɹ | ke los tïempos pasaðos i los pɹesentes semexaʋles son i komo ðiθe la *eskɹituɹa lo ke fŭeɹ(e) eso seɹá || poɹ laz mizmas pisaðas i ʋeʎas eŋkaminan | ja los alegɹez | ja los tɹistez ɹemates | i nǫ ai kosa mas seguɹa ke poneɹ los oxos en *dïoz i en lo ʋŭenǫ i rekataɹse ðe los iŋkombenïentes eŋ ke los antigŭos tɹopeθaɹon | i a gisa ðe ʋŭem piloto | teneɹ toðaz laz rokas θïegas i loz ʋaxios peligɹosoz ðę um piélago taŋ gɹande komǫ ęs el goʋïeɹnǫ i maz ðe tantoz reinos en la kaɹta ðe maɹeaɹ ʋïen demaɹkaðos | el ajo pasaðo pɹesenté a ʋŭestɹa maxestað un liʋɹo ke kompuse ðe laz ʋiɹtuðes ke ðeʋe teneɹ um ʋŭen rei | ke ðeseo lean i entïendan los pɹinθipes koŋ kŭiðaðo | lo k en el se tɹata ęspekulatiʋamente | los pɹeθeptos | aʋisos | i laz reglaz ðe la ʋiða real | akí se ʋem pŭestas em pɹáktika i kon suz ʋiʋos koloɹes ezmaltaðas no me kïeɹǫ alaɹgaɹ mas *dïoz | nŭestɹo *sejioɹ | ðe su luθ a ʋŭestɹa maxestað | paɹa ke | koŋfoɹmę a los pɹinθipïoz ðe su ʋïenaʋentuɹaðo reinaðo | sę aðelant en toðo xéneɹo ðe ʋiɹtuðes i feliθiðað | komo toðos espeɹamos i paɹ alkanθaɹlo | no θesamoz ðę ofɹeθeɹ a su maxestað i a sus santǫs kontinŭamente nŭestɹoz ʋotos i plegaɹias trabajo en agradable servicio, que será remuneración muy colmada si, como vuestra majestad ha ocupado algunos ratos en la lección de mi historia latina, ahora que el lenguaje es más llano y la traza más apacible la leyere más de ordinario. Ninguno se atreve a decir a los reyes la verdad, todos ponen la mira en sus particulares: miseria grande, y que de ninguna cosa se padece mayor mengua en las casas reales. Aquí la hallará vuestra majestad por sí mismo: reprehendidas en otros las tachas, que todos los hombres las tienen; alabadas las virtudes en los antepasados; avisos y ejemplos para los casos particulares que se pueden ofrecer, que los tiempos pasados y los presentes semejables son, y como dice la Escritura, lo que fuere eso será. Por las mismas pisadas y huella se encaminan, ya los alegres, ya los tristes remates, y no hay cosa más segura que poner los ojos en Dios y en lo bueno y recatarse de los inconvenientes en que los antiguos tropezaron, y a guisa de buen piloto tener todas las rocas ciegas y los bajíos peligrosos de un piélago tan grande como es el gobierno y más de tantos reinos en la carta de marear bien demarcados. El año pasado presenté a vuestra majestad un libro que compuse de las virtudes que debe tener un buen rey, que deseo lean y entiendan los príncipes con cuidado. Lo que en él se trata especulativamente, los preceptos, avisos y las reglas de la vida real, aquí se ven puestas en práctica y con sus vivos colores esmaltadas. No me quiero alargar más. Dios, nuestro Señor, dé su luz a vuestra majestad para que, conforme a los principios de su bienaventurado reinado, se adelante en todo género de virtudes y felicidad como todos esperamos, y para alcanzarlo no cesamos de ofrecer a su majestad y a sus santos continuamente nuestros votos y plegarias.

MIGUEL DE CERVANTES SAAVEDRA

8. pɹólogo̬ a̬ laz noʋelas exemplaɹes

j así te ðiɡ(o)ʼotɹa ʋeθ | lektoɹ amaʋle | ke ðestaz noʋelas ke te̬ o̬fɹeθko̬ | e̬n niŋgum moðo poðɹás aθeɹ pepitoria | poɹke no tïenem pïez | ni kareθa | ni̬ e̬n-tɹajaz | ni kosa ke les paɹeθka | kïeɹo ðeθiɹ ke loz ɹekïeʋɹos amoɹosos k en algunas aʎaɹás | son tan onestos i tam meðiðos kon la raθón i ðiskuɹso kɹistïano | ke no poðɹám moʋeɹ a mal pensamïento̬ a̬l deskũiðaðʼ o kũiðaðoso ke laz lejeɹe elez ðaðo̬ e̬l nombɹe ð *exemplaɹes i si ʋïen lo miɹaz no̬ ai̬ niŋguna | ðe ke no se pũeða sakaɹ un exemplo pɹoʋeĉoso || i si no fũeɹa poɹ no̬ a̬laɹgaɹ este suxeto | kiθá te mostɹaɹa̬ e̬l saʋɹoso j onesto fɹuto ke se poðɹía sakaɹ | así ðe toðas xuntas | komo ðe kaða̬ una ðe poɹ si ||

mi intento̬ a̬ siðo | poneɹ en la plaθa ðe nũestɹa repúʋlika̬ u̬na mesa ðe tɹukoz | ðonde kaða̬ uno pũeða ʎegaɹ a̬ e̬ntɹeteneɹse sin dajo ðe ʋaras digo | sin dajo ðel alma ni ðel kũeɹpo | poɹke los exeɹθiθíos onestoz j agɹaðaʋles | antes apɹoʋeĉaŋ ke ðajan || si || ke no sïempɹe s está e̬n los temploz | no sïempɹe se̬ o̬kupan los oɹatoɹïoz | no sïempɹe se̬ a̬siste̬ a̬ loz negoθios poɹ kalifikaðos ke seam || oɹas ai̬ ðe rekɹea-θión | dond el aflixiðo̬ e̬spíɹitu ðeskanse | paɹa̬ este̬ a̬fekto se plantan las alameðas | se ʋuskan las fũentes | se̬ a̬ʎanan las kũestas | i se kultiʋaŋ koŋ kuɹïosiðaðʼ los xaɹðines ||

una kosa me̬ a̬tɹeʋeɹé a̬ ðeθiɹte || ke si poɹ algúm moðo̬ a̬lkanθaɹa | ke la legθión d estaz noʋelas puðïeɹa̬ i̬nduθiɹ a kïen laz lejeɹ (a) algúm mal desé(o) o pensa-mïento̬ | antez me koɹtaɹa la mano koŋ ke las eskɹiʋí | ke sakaɹlas em púʋliko || mi̬ e̬ðaðʼ no̬ e̬stá ja paɹa̬

Miguel de Cervantes Saavedra (1547–1616)

8. Prólogo a las Novelas Ejemplares (1597)

Y así te digo otra vez, lector amable, que destas novelas que te ofrezco, en ningún modo podrás hacer pepitoria, porque no tienen pies ni cabeza, ni entrañas, ni cosa que les parezca: quiero decir que los requiebros amorosos que en algunas hallarás, son tan honestos y tan medidos con la razón y discurso cristiano, que no podrán mover a mal pensamiento al descuidado o cuidadoso que las leyere. Heles dado el nombre de *Ejemplares*, y, si bien lo miras, no hay ninguna de que no se pueda sacar un ejemplo provechoso, y si no fuera por no alargar este sujeto, quizá te mostrara el sabroso y honesto fruto que se podría sacar, así de todas juntas, como de cada una de por sí.

Mi intento ha sido poner en la plaza de nuestra república una mesa de trucos, donde cada uno pueda llegar a entretenerse sin daño de barras: digo, sin daño del alma ni del cuerpo, porque los ejercicios honestos y agradables antes aprovechan que dañan. Sí, que no siempre se está en los templos, no siempre se ocupan los oratorios, no siempre se asiste a los negocios por calificados que sean: horas hay de recreacíon, donde el afligido espíritu descanse; para este efecto se plantan las alamedas, se buscan las fuentes, se allanan las cuestas y se cultivan con curiosidad los jardines.

Una cosa me atreveré a decirte: que si por algún modo alcanzara que la lección de estas novelas pudiera inducir a quien las leyera a algún mal deseo o pensamiento, antes me cortara la mano con que las escribí, que sacarlas en público: mi edad no está ya para ʋuɹlaɹse kon la̭ otɹa ʋiða | kḙ a̭l θiŋkŭenta̭ i̭ θiŋko ðe los aɲoz gano poɹ nŭeʋe mas | i poɹ la mano || a̭ esto sḙ aplikó mi iŋxeɲĭo | poɹ akí me ʎeʋa mi iŋklinaθĭon i mas ke me doj a̭ ḙntendeɹ j es así | ke jo soi̭ ḙl pɹimeɹo k e noʋelaðo̭ ḙn leŋgŭa kasteʎana || ke laz muʧaz noʋelas k en eʎ andan impɹesas | toðas son tɹaðuθiðaz ðe leŋgŭas estɹaŋxeɹaz | j estas som mías pɹopĭaz no̭ i̭mitaðaz ni̭ ṷɹtaðas mi iŋxeɲĭo las eŋxendɹó i̭ las paɹĭó mi pluma̭ | i̭ ʋaŋ kɹeθĭendo̭ ḙn loz ʋɹaθoz ðe la̭ ḙstampa

no mas | sino ke *ðĭos te gŭaɹðe | j a mi me ðe paθĭenθĭa paɹa ʎeʋaɹ ʋĭen el mal kḙ a̭n de ðeθiɹ ðe mi maz ðe kŭatɹo sutilez j almiðonaðos | ʋale

9. doŋ kixote (i)

del donoso̭ i̭ gɹand eskɹutinĭo | k el kuɹa j el ʋaɹʋeɹo̭ i̭θĭeɹon | en la liʋɹeɹía ðe nŭestɹo̭ iŋxeɲĭoso̭ i̭ðalgo

el kŭal a̭un toðaʋía ðoɹmía | piðĭó laz ʎaʋes | a la *soʋɹina | ðel aposento ðond estaʋan loz liʋɹos autoɹez ðel daɲo | j eʎa se laz ðĭo ðe mŭi ʋŭena gana | entɹaɹon dentɹo toðos | i l *ama kon eʎoz | j aʎaɹom maz ðe θĭeŋ kŭeɹpoz ðe liʋɹoz gɹandez | mŭi ʋĭen enkŭaðeɹnaðoz | j otɹos pekeɲos | j asi komo̭ ḙl *ama loz ʋĭo | ʋolʋĭosḙ a̭ saliɹ ðel aposento koŋ gɹam pɹisa̭ | i̭ tomó lŭego kon una̭ ḙskuðiʎa ðḙ agŭa ʋendita j un isopo̭ | i̭ ðixo

tome ʋŭestɹa meɹθeð | seɲoɹ liθenθĭaðo || roθí(e) estḙ a̭posento | no̭ ḙsté a̭kí a̭lgún eŋkantaðoɹ ðe loz muʧos ke tĭenen estoz liʋɹos | i nos eŋkanten | em pena ðe la ke les keɹemoz ðaɹ eʧándolez ðel mundo ||

kausó ris(a) al *liθenθĭaðo la simpliθiðá ðel *ama̭ | i̭ mandó a̭l *ʋaɹʋeɹo ke le fŭese ðando ðḙ burlarse con la otra vida, que al cincuenta y cinco de los años gano por nueve más, y por la mano. A esto se aplicó mi ingenio, por aquí me lleva mi inclinación, y más que me doy a entender (y es así) que yo soy el primero que he novelado en lengua castellana; que las muchas novelas que en ella andan impresas, todas son traducidas de lenguas extranjeras, y éstas son mías propias, no imitadas ni hurtadas. mi ingenio las engendró y las parió mi pluma, y van creciendo en los brazos de la estampa. . . .

No más, sino que Dios te guarde, y a mí me dé paciencia para llevar bien el mal que han de decir de mí más de cuatro sutiles y almidonados.—Vale.

9. Don Quijote (1604) (i)

Del donoso y grande escrutinio que el cura y el barbero hicieron en la librería de nuestro ingenioso hidalgo

El cual [Don Quijote] aún todavía dormía. Pidió [el cura] las llaves, a la Sobrina, del aposento donde estaban los libros autores del daño, y ella se las dió de muy buena gana; entraron dentro todos, y la Ama con ellos, y hallaron más de cien cuerpos de libros grandes, muy bien encuadernados, y otros pequeños; y así como el Ama los vió, volvióse a salir del aposento con gran priesa, y tornó luego con una escudilla de agua bendita y un hisopo, y dijo.

—Tome vuestra merced, señor licenciado; rocíe este aposento, no esté aquí algún encantador de los muchos que tienen estos libros, y nos encanten, en pena de la que les queremos dar echándoles del mundo.

Causó risa al Licenciado la simplicidad del Ama, y mandó al Barbero que le fuese dando de aquellos akeʎoz libɹos uno a uno | paɹa beɹ ðe ke tɹataban | pües poðía seɹ | aʎaɹ algunos ke no meɹeθíesen kastigo ðe füego ||

no | ðixo la *sobɹina || no aj paɹa ke peɹðonaɹ a niŋguno | poɹke toðos an siðo loz ðapjaðoɹes || mexoɹ seɹá (a)roxaɹlos poɹ laz bentanas al patio | j aθeɹ un rimeɹo ðeʎos | i pegaɹles füego | i si no ʎebaɹlos al koral | j aʎí se aɹá la ogeɹa | i n(o) ofendeɹá el umo ||

lo mizmo ðixo el *ama || tal eɹa la gana ke laz ðos tenían de la müeɹte ðe akeʎos inoθentes | mas el *kuɹa no bino en eʎo sim pɹimeɹo leeɹ sikïeɹa los títulos | j el pɹimeɹo ke maese *nikoláz le ðïo en laz manos | füe los küatɹo ðe *amaðíz ðe *gaula | i ðixo el *kuɹa ||

paɹeθe kosa ðe misteɹïo esta || poɹke | según e oíðo ðeθiɹ | este libɹo füe (e)l pɹimeɹo ðe kabaʎeɹías ke se impɹimïó en *espaɲa | i toðoz loz ðemás an tomaðo pɹinθipïo j oɹixen deste || j así me paɹeθe ke | komo a ðogmatiθaðoɹ ðe una sekta tam mala le ðebemos | sin eskus alguna | kondenaɹ al füego ||

no seɲoɹ | ðixo el *baɹbeɹo || ke también e oíðo ðeθiɹ k es el mexoɹ ðe toðoz loz libɹos ke ð este xéneɹo se an kompüesto | j así komo a úniko en su aɹte | se ðebe peɹðonaɹ ||

así ez beɹðá | ðixo el *kuɹa | i poɹ esa raθón se le otoɹga la biða poɹ aoɹa beamos esotɹo k está xunto a el ||

ez | ðixo el *baɹbeɹo | las *sergaz ð *esplanðïán | ixo lexítimo ðe *amaðíz ðe *gaula ||

pües | em beɹðá | ðixo el kuɹa | ke no le a ðe baleɹ al ixo la bondá | ðel paðɹe || tomað | seɲor(a) *ama || abrið esa bentana j ecʃaðle al koral | i ðe pɹinθipïo al montón de la ogeɹa ke se a ðe aθeɹ ||

libros uno a uno, para ver de qué trataban, pues podía ser hallar algunos que no mereciesen castigo de fuego.

—No —dijo la Sobrina, —no hay para qué perdonar a ninguno, porque todos han sido los dañadores: mejor será arrojarlos por las ventanas al patio, y hacer un rimero dellos, y pegarles fuego; y si no, llevarlos al corral, y allí se hará la hoguera, y no ofenderá el humo.

Lo mismo dijo el Ama: tal era la gana que las dos tenían de la muerte de aquellos inocentes; mas el Cura no vino en ello sin primero leer siquiera los títulos. Y el primero que maese Nicolás le dió en las manos fué *Los cuatro de Amadís de Gaula*, y dijo el Cura:

—Parece cosa de misterio ésta; porque, según he oído decir, este libro fué el primero de caballerías que se imprimió en España, y todos los demás han tomado principio y origen déste, y así, me parece que, como a dogmatizador de una secta tan mala, le debemos, sin excusa alguna, condenar al fuego.

—No, señor —dijo el Barbero; —que también he oído decir que es el mejor de todos los libros que de este género se han compuesto; y así, como a único en su arte, se debe perdonar.

—Así es verdad —dijo el Cura, —y por esa razón se le otorga la vida por ahora. Veamos esotro que está junto a él.

—Es —dijo el Barbero— las *Sergas de Esplandián*, hijo legítimo de Amadís de Gaula.

—Pues, en verdad —dijo el Cura— que no le ha de valer al hijo la bondad del padre. Tomad, señora Ama; abrid esa ventana y echadle al corral, y dé principio al montón de la hoguera que se ha de hacer.

íθolo̯ asi e̯l *ama kom mucʃo kontento j el βŭeno ð *esplandĭáŋ fŭe βolando̯ a̯l koɹal | espeɹando kon toða paθĭenθĭa̯ e̯l fŭego ke le̯ a̯menaθaβa ||

aðelante | ðixo̯ e̯l *kuɹa ||

10. doŋ kixote (ii)

del βŭen suθeso k el βaleɹoso *doŋ *kixote tuβo̯ | e̯n la̯ e̯spantaβle̯ i̯ xamás imaxinað aβentuɹa ðe loz molĭnoz ðe βĭento | kon otɹos suθesoz ðignoz ðe feliθe rekoɹðaθĭón ||

en esto | ðeskuβɹĭeɹon tɹei̯nta̯ o̯ kŭaɹenta molinoz ðe βĭento | ke̯ aj e̯n akel kampo || j así komo *doŋ *kixote loz βio | ðixo̯ a̯ su̯ e̯skuðeɹo ||

la βentuɹa βa gĭando nŭestɹas kosaz mexoɹ ðe lo ke̯ a̯θeɹtáɹamos a ðeseaɹ || poɹke βes aʎí | a̯migo *sancʃo *panθa | ðonde se ðeskuβɹen tɹei̯nta̯ o̯ pokoz maz ðesafoɹaðos xigantes | koŋ kĭem pĭenso̯ a̯θeɹ βataʎa̯ | i̯ kitaɹles a toðoz laz βiðas | koŋ kujoz ðespoxos komenθaɹemos a̯ e̯nrikeθeɹ | k esta̯ e̯z βŭena gera | j ez gɹan seɹβiθĭo ðe *ðĭos | kitaɹ tam mala simĭente ðe soβɹe la faθ ðe la tĭera ||

¿ke xigantez? | ðixo *sancʃo *panθa ||

akeʎos ke̯ a̯ʎí βez | respondĭó su̯ amo | ðe loz βɹaθoz laɹgos | ke los sŭelen teneɹ algunoz ðe kasi ðoz legŭas ||

miɹe βŭestɹa meɹθeð | respondĭó *sancʃo | ke̯ a̯keʎos ke̯ a̯ʎí se paɹeθen no soŋ xigantes | sino molinoz ðe βĭento || i lo k en eʎos paɹeθem braθos | son las aspas | ke | βolteaðaz ðel βĭento̯ | aθen andaɹ la pĭeðɹa ðel molino ||

bĭem paɹeθe | respondĭó *doŋ *kixote | ke no̯ e̯stás kuɹsaðo̯ e̯n esto ðe las aβentuɹas || eʎos soŋ xigantes || i si tĭenez mĭeðo | kítate ðe̯ a̯í (i) pont

Hízolo así el Ama con mucho contento, y el bueno de Esplandián fué volando al corral, esperando con toda paciencia el fuego que le amenazaba.

— Adelante — dijo el Cura.

10. Don Quijote (ii)

Del buen suceso que el valeroso D. Quijote tuvo en la espantable y jamás imaginada aventura de los molinos de viento, con otros sucesos dignos de felice recordación.

En esto, descubrieron treinta o cuarenta molinos de viento que hay en aquel campo; y así como D. Quijote los vió, dijo a su escudero:

— La ventura va guiando nuestras cosas mejor de lo que acertáramos a desear; porque ves allí, amigo Sancho Panza, donde se descubren treinta o pocos más desaforados gigantes, con quien pienso hacer batalla y quitarles a todos las vidas, con cuyos despojos comenzaremos a enriquecer, que esta es buena guerra, y es gran servicio de Dios quitar tan mala simiente de sobre la faz de la tierra.

— ¿Qué gigantes? — dijo Sancho Panza.

— Aquellos que allí ves — respondió su amo — de los brazos largos, que los suelen tener algunos de casi dos leguas.

— Mire vuestra merced — respondió Sancho — que aquellos que allí se parecen no son gigantes, sino molinos de viento, y lo que en ellos parecen brazos son las aspas, que, volteadas del viento, hacen andar la piedra del molino.

— Bien parece, — respondió D. Quijote — que no estás cursado en esto de las aventuras: ellos son gigantes; y si tienes miedo, quítate de ahí, y ponte en oɹaθjón | en el espaθio ke jo roj a̭ entɹaɹ kon eʎos eŋ fïeɹa̭ i̭ ðesigŭal ʋataʎa ||

i ðiθiendo̭ esto | ðïo ð espŭelas a su kaʋaʎo *roθinante | sin atendeɹ a laz ʋoθes ke sṷ ḙskuðeɹo *sançʃo le ðaʋ(a) aðʋiɹtiéndole ke sin duð(a) alguna̭ eɹam molinoz ðe ʋïento̭ | i̭ no xigantes | akeʎos kḙ iʋ (a) akometeɹ peɹo̭ el iʋa tam pŭesto̭ ḙŋ k eɹaŋ xigantes | ke nṷ o̭ɹa laz ʋoθez ðe sṷ ḙskuðeɹo *sançʃo | ni̭ ḙçʃaʋa ðe ʋeɹ auŋk estaʋa ja ʋïen θeɹka | lo k eɹan || antes iʋa ðiθïendo̭ ḙm boθes altas ||

noŋ fujaðes | koʋaɹðes i ʋiles kɹïatuɹas | kḙ ṷn solo kaʋaʎeɹo̭ ḙs el kḙ o̭s akomete ||

leʋantós en esto̭ ṷm poko ðe ʋiento̭ | i̭ laz gɹandes aspas komenθaɹon a moʋeɹse | lo kŭal ʋisto poɹ *ðoŋ *kixote | ðixo

pŭes auŋke moʋaiz maz ʋaɹɹos ke loz ðel xigante *ʋɹïaɹeo | me lo̭ a̭ʋéiz ðe pagaɹ ||

j en diθïendo̭ esto | j eŋkomendándose ðe toðo koɹaθón a su seɲoɹa *ðulθinea | piðiéndole k en tal tɹanθe le sokoʋïese | ʋïeŋ kuʋïeɹto ðe su roðela | kon la lanθa̭ ḙn el ɹistɹḙ | a̭remetïó a̭ toðo̭ ḙl galope ðe *roθinante | j embistïó kon el pɹimeɹo molino k estaʋa ðelante || i ðándolḙ ṷna lanθaða̭ ḙn el aspa la ʋolʋió el ʋïento kon tanta fuɹïa | kḙ iθo la lanθa peðaθoz | ʎeʋándose tɹas si a̭l kaʋaʎo j al kaʋaʎeɹo | ke fŭe roðando mŭi maltɹeçʃo poɹ el kampo || akuðïó *sançʃo *panθ a sokoreɹlḙ | a̭ toðo̭ ḙl koreɹ ðe sṷ asno̭ | i̭ kŭando ʎegó | a̭ʎó ke no se poðía meneaɹ || tal fŭe (e)l golpe ke ðïo kon el *roθinante ||

en oración en el espacio que yo voy a entrar con ellos en fiera y desigual batalla.

Y diciendo esto, dió de espuelas a su caballo Rocinante, sin atender a las voces que su escudero Sancho le daba, advirtiéndole que, sin duda alguna, eran molinos de viento, y no gigantes, aquellos que iba a acometer. Pero él iba tan puesto en que eran gigantes, que ni oía las voces de su escudero Sancho, ni echaba de ver, aunque estaba ya bien cerca, lo que eran; antes iba diciendo en voces altas.

— Non fuyades, cobardes y viles criaturas: que un solo caballero es el que os acomete.

Levantóse en esto un poco de viento, y las grandes aspas comenzaron a moverse, lo cual visto por D. Quijote, dijo:

— Pues aunque mováis más brazos que los del gigante Briareo, me lo habéis de pagar

Y en diciendo esto, y encomendándose de todo corazón a su señora Dulcinea, pidiéndole que en tal trance le socorriese, bien cubierto de su rodela, con la lanza en el ristre, arremetió a todo el galope de Rocinante y embistió con el primero molino que estaba delante; y dándole una lanzada en el aspa, la volvió el viento con tanta furia, que hizo la lanza pedazos, llevándose tras sí al caballo y al caballero, que fué rodando muy maltrecho por el campo Acudió Sancho Panza a socorrerle, a todo el correr de su asno, y cuando llegó halló que no se podía menear: tal fué el golpe que dió con él Rocinante.

Luis de Góngora

11 dos sonetos

a la i̯stoɹia ðe *felipe segundo | k eskɾiβió *luiz ðe *kabɹeɹa su koɹonista

bir en este βolumen el ke jaθe
(e)n akel maɾmol | rei̯ siempɹe gloɹioso ||
sus θeniθas aʎí tienen reposo |
i̯ ðeʎas oi̯ el mizmo aki renaθe
kom bŭestɹa pluma bŭela j eʎa os aθe |
kulto *kabɹeɹa | en nŭestɹa edað famoso |
kon las sujaz le aθéi̯z βiktoɹioso
ðel fɹanθéz | belga | lusitano | i̯ tɹaθe ||
plumaz ðe uŋ feniks tal j em bŭestɹa mano |
¿ke tiempo pŭeðe aβeɹ ke las konsuma? ||
i ¿ke imbiðia ofendeɹos | sino em bano? |
eskɾiβa lo ke βieɹon | taŋ gɹam pluma |
ðe loz ðoz mundos | uno j otɹo plano |
ðe loz ðoz maɹes | una j otɹa espuma ||

a la θiuða(ð) ðe *kóɹðoβa i̯ su feɾtiliðað |

¡o eksθelso muɹ(o) | o torez leβantaðaz
ðe oɹoɹ | ðe maxesta(ð) | ðe gaʎaɹðía!
¡o gɹan río | gɹan rei̯ ðe *andaluθía |
ðe aɹenaz noβlez | ja ke no ðoɹaðas!
¡o féɾtil ʎan(o) | o sieɾas eŋkumbɹaðas |
ke pɾiβilexia el θielo i̯ ðoɹa el día! ||
¡o siempɹe gloɹiosa patɾia mía
tanto poɹ plumas kŭanto poɹ espaðas! ||
si entɾe akeʎaz ɾŭinas i ðespoxos
k enrikeθe *xeníl | i *ðaro βaɲa |
tu memoɾia no fŭe alimento mío
nuŋka meɾeθkam mis au̯sentes oxoz
βeɹ tuz muɹos | tus tores | i tu río |
tu ʎano i̯ siera | ¡o patɾia | o floɹ ð *espaɲa! |

Luis de Góngora (1561–1627)

11. Dos Sonetos

A la historia de Felipe II que escribió Luis de Cabrera, su coronista.

Vive en este volumen el que yace
  En aquel mármol, rey siempre glorioso,
  Sus cenizas allí tienen reposo,
Y dellas hoy él mismo aquí renace.
Con vuestra pluma vuela, y ella os hace,
  Culto Cabrera, en nuestra edad famoso,
  Con las suyas le hacéis victorioso
Del francés, belga, lusitano, y trace
Plumas de un fénix tal, y en vuestra mano
  ¿Qué tiempo puede haber que las consuma?
Y ¿qué invidia ofenderos, sino en vano?
  Escriba, lo que vieron, tan gran pluma,
De los dos mundos uno y otro plano,
  De los dos mares una y otra espuma

A la ciudad de Córdoba y su fertilidad

¡Oh excelso muro, oh torres levantadas
  De honor, de majestad, de gallardía!
  ¡Oh gran río, gran rey de Andalucía,
De arenas nobles, ya que no doradas!
¡Oh fértil llano, oh sierras encumbradas,
  Que privilegia el cielo y dora el día!
  ¡Oh siempre gloriosa patria mia
Tanto por plumas cuanto por espadas!
Si entre aquellas ruinas y despojos
  Que enriquece Genil y Darro baña
    Tu memoria no fué alimento mio,
Nunca merezcan mis ausentes ojos
    Ver tus muros, tus torres y tu río,
  Tu llano y sierra, ¡oh patria, oh flor de España!

Lope Félix de Vega Carpio

12. rimas sakɹas

I

kŭando me paɹo̯ a̯ kontemplaɹ mi̯ e̯staðo |
ɟ a ʋeɹ los pasos poɹ ðond e ʋeniðo |
m espanto ðe ke̯ u̯n ombɹe tam peɹðiðo̯
a̯ konoθeɹ su̯ e̯roɹ aja ʎeɡaðo |
kŭando miɹo los aɲos | ke̯ a̯ pasaðo
la ðiʋina raθom pŭesta̯ e̯n olʋiðo
konoθko ke pĭeðá ðel θĭelo̯ a̯ siðo
no̯ a̯ʋeɹm en tanto mal pɹeθipitaðo ||
entɹe poɹ laʋeɹinto tan egstraɲo |
fiaðo̯ a̯l ðéʋil ilo ðe la ʋiða̯ |
e̯l taɹðe konoθiðo ðeseŋgaɲo
maz ðe tu luθ mi̯ o̯skuɹiðað ʋenθiða̯ |
e̯l monstɹŭo mŭeɹto ðe mi θĭego e̯ŋgaɲo |
ʋŭelʋe̯ a̯ la patɹĭa | la ɹaθóm peɹðiða |

II

pŭes andái̯s en las palmas |
áŋxeles santos |
ke se ðŭeɹme mi *niɲo
teneð loz ramos |

palmaz ðe *ʋeléŋ |
ke mŭeʋen aɹaðoz |
los fuɹĭosoz ʋĭentos |
ke sŭenan tanto |
no le̯ a̯ɡái̯z rŭiðo |
koreð mas paso ||
ke se ðŭeɹme mi *niɲo |
teneð loz ramos ||

Lope Félix de Vega Carpio (1562 1635)

12. Rimas Sacras

I

Cuando me paro a contemplar mi estado
Y a ver los pasos por donde he venido,
Me espanto de que un hombre tan perdido
A conocer su error haya llegado
Cuando miro los años que ha pasado
La divina razón puesta en olvido
Conozco que piedad del cielo ha sido
No haberme en tanto mal precipitado
Entre por laberinto tan extraño,
Fiado al débil hilo de la vida.
El tarde conocido desengaño
Mas de tu luz mi oscuridad vencida,
El monstruo muerto de mi ciego engaño,
Vuelve a la patria, la razón perdida.

II

Pues andáis en las palmas,
Angeles santos.
Que se duerme mi Niño,
Tened los ramos.

Palmas de Belén,
Que mueven, airados,
Los furiosos vientos
Que suenan tanto,
No le hagáis ruido,
Corred más paso;
Que se duerme mi Niño,
Tened los ramos.

el *nipo ðiɓino |
k está kansaðo
ðe ʎoɹaɹ en la tĭeɹa
poɹ su ðeskanso
sosegaɹ kĭeɹe um poko
ðel tĭeɹno ʎanto ||
ke se ðŭeɹme mi *nipo ||
teneð loz ɹamos ||

ɹiguɹosoz ɟeloz
ɪ estan θeɹkando
ja ɓeɪs ke no teŋgo
koŋ ke guaɹðaɹlo
áŋxelez ðiɓinos
ke ɓaɪz ɓolando |
ke se ðŭeɹme mi *nipo ||
teneð loz ɹamos ||

13. la estɹeʎa ðe *seɓiʎa

*estɹeʎa | kɹistĭanisimo ðon *sanʧo
ðe *kastiʎa *re(ɪ) ilustɹe
poɹ las aθaɲaz notaɓl(e) |
eɹoɪko poɹ laz ɓiɹtuðes ||
una ðezðiʧaða estɹeʎa
ke sus klaɹoz ɹajos kuɓɹe
ðeste luto | ke mi ʎanto
lo a sakaðo en negɹaz nuɓes
xustiθĭa (a) peðiɹte ɓeŋgo |
maz no ke tu la exekutes |
sino k em mi aɓitaɾĭo ðexes
ke mi ɓeŋganθa se funde
no ðoɪ lugaɹ a mis oxos |

El Niño divino,
Que está cansado
De llorar en la tierra
Por su descanso,
Sosegar quiere un poco
Del tierno llanto;
Que se duerme mi Niño,
Tened los ramos.

Rigurosos hielos
Le están cercando,
Ya veis que no tengo
Con qué guardarlo,
Ángeles divinos,
Que vais volando,
Que se duerme mi Niño,
Tened los ramos.

13. La Estrella de Sevilla (III 3)

ESTRELLA, Acompañamiento. DON MANUEL. EL REY.

Estrella. Cristianísimo don Sancho,
De Castilla Rey ilustre,
Por las hazañas notable,
Heroico por las virtudes:
Una desdichada estrella
Que sus claros rayos cubre
Deste luto, que mi llanto
Lo ha sacado en negras nubes,
Justicia a pedirte vengo;
Mas no que tú la ejecutes,
Sino que en mi arbitrio dejes
Que mi venganza se funde.
No doy lugar a mis ojos,

ke miz lágɹimas eŋxugen |
poɹke anegándom en eʎaz |
mi sentimĭento no kulpes ||
kise a *taɾeɹa mi eɹmano |
ke las sakɹas pesaðumbɹes
okupa | pisando estɹeʎas
em paɾimĭentos aθules
komo eɹmano me ampaɾó |
i komo a paðɾe le tuve |
la obeðĭenθĭa j el ɾespeto
en suz mandamĭentos puse ||
bivía kon el kontenta
sin dexaɾ k el sol me iŋxuɾĭe
ke aun ɾajoz ðel sol no eɾan
a miz ventanas komunes |
nŭestɾa eɾmandað embiðĭaba
*seviʎa | i toðos pɾesumeŋ
k éɾamoz loz ðos eɾmanos
ke a una estɾeʎa se reðuθen
un tiɾano kaθaðoɾ
aθe k el aɾko exekut(e)
el fĭeɾo golp em mi eɾmano
i nŭestɾaz gloɾĭas komfunde
peɾðí eɾmano | peɾðí esposo
sola e keðaðo | i no akuðes
a la obligaθĭón de *rei |
siŋ ke naðĭe te ðiskulpe
aθme xustiθía | *seɲoɾ |
dam el omiθiða | kumple
kon tu obligaθĭón en esto ||
déxame ke jo le xuθge ||

*rei | sosegáoz | j eŋxugað laz luθez veʎas
si no keɾéis ke se aɾða mi palaθĭo |
ke lágɾimaz ðel sol son las estɾeʎas
si kaða rajo sujo es un topaθĭo ||

Que mis lágrimas enjuguen
Porque anegándome en ellas,
Mi sentimiento no culpes.
Quise a Tabera, mi hermano,
Que las sacras pesadumbres
Ocupa, pisando estrellas
En pavimientos azules.
Como hermano me amparó,
Y como a padre le tuve:
La obediencia y el respeto
En sus mandamientos puse
Vivía con él contenta,
Sin dejar que el sol me injurie.
Que aún rayos del sol no eran
A mis ventanas comunes
Nuestra hermandad envidiaba
Sevilla, y todos presumen
Que éramos los dos hermanos
Que a una estrella se reducen
Un tirano cazador
Hace que el arco ejecute
El fiero golpe en mi hermano,
Y nuestras glorias confunde.
Perdí hermano, perdí esposo:
Sola he quedado, y no acudes
A la obligación de Rey,
Sin que nadie te disculpe.
Hazme justicia, Señor.
Dame el homicida, cumple
Con tu obligación en esto;
Déjame que yo le juzgue.
Rey. Sosegáos, y enjugad las luces bellas
Si no queréis que se arda mi palacio;
Que lágrimas del sol son las estrellas
Si cada rayo suyo es un topacio.

rekoxa̯ e̯l alʋa su tesoɹo̯ e̯n eʎas |
si̯ el sol ɹeθién naθiðo le ða̯ e̯spaθio̯ |
i̯ ðexað ke los θĭeloz las koðiθĭen
ke no̯ e̯z raθóŋ ke̯ a̯kí se ðespeɹðiθĭen
tomað esta soɹtixa | j en *tɹan(a)
aʎanað el kastiʎo kon sus seɲas |
poŋganlo̯ e̯m bŭestɹaz manos | sed tiɹana
fieɹa kon el de las iɹkanas peɲas |
auŋke̯ a̯ pĭeðað i kompasĭóm biʎana
nos enseɲam bolando las θigŭeɲas
k ez ʋĭeŋ ke seam | poɹke más asombɹe̯ |
aʋes i fieɹas koŋfusĭon del ombɹe
*estɹeʎa ɹ akí | *seɲoɹ | ʋiɹtuð es aʋaɹiθía ||
ke si̯ e̯m mi plata̯ u̯ʋĭeɹa j oɹo̯ u̯ʋĭeɹa |
lŭego ðe mi kareθa le̯ a̯raŋkaɹa |
j el rostɹo koŋ fealdað oskuɹeθĭeɹ(a) |
auŋk em bɹasas aɹðĭentez le̯ a̯ɹɹasaɹa ||
si̯ u̯n *ʋareɹa muɹĭó | keðó u̯n *tareɹa ||
ɹ si su ðesonoɹ está e̯m mi kaɹa |
jo la pondɹé ðe sŭeɹte kom miz manos |
k espanto sea̯ entɹe loz mas tiɹanos |

[banse toðoz | menos el *rei̯]

FRANCISCO GÓMEZ DE QUEVEDO

14. soʋɹe la mŭeɹte

seɲoɹ ðom *manŭel | oi̯ kŭento jo θiŋkŭenta̯ i̯ ðos aɲoz | j en eʎos kŭent otɹos tantos entĭeroz míos || mi iŋfanθĭa muɹĭó i̯reʋokaʋlemente || muɹĭó mi niɲeθ | muɹĭó mi xuʋentuð | muɹĭó mi moθeðað || ja tambĭeŋ faʎeθĭó mi̯ e̯ðað ʋaɹonil || pŭes ¿komo ʎamo ʋiða̯ u̯na ʋexeθ k es sepulkɹo | ðonde jo pɹopĭo soi̯ e̯ntĭero ðe θiŋko ðifuntos k e ʋiʋiðo? || ¿poɹ ke | pŭez | ðeseaɹé

Recoja el alba su tesoro en ellas,
Si el sol recién nacido le da espacio
Y dejad que los cielos las codicien;
Que no es razón que aquí se desperdicien
Tomad esta sortija, y en Triana
Allanad el castillo con sus señas:
Póngaulo en vuestras manos, sed tirana
Fiera con él de las hircanas peñas,
Aunque a piedad y compasión villana
Nos enseñan volando las cigueñas;
Que es bien que sean, porque más asombre,
Aves y fieras confusión del hombre.
Estrella. Aquí, Señor, virtud es avaricia. . . .
Que si en mí plata hubiera y oro hubiera,
Luego de mi cabeza le arrancara,
Y el rostro con fealdad oscureciera,
Aunque en brasas ardientes le abrasara.
Si un Tabera murió, quedó un Tabera;
Y si su deshonor esta en mi cara,
Yo la pondré de suerte con mis manos,
Que espanto sea entre los más tiranos

(*Vanse todos, menos el Rey*)

Francisco Gómez de Quevedo (1580–1645)

14. Sobre la muerte

Señor don Manuel, hoy cuento yo cincuenta y dos años, y en ellos cuento otros tantos entierros míos. Mi infancia murió irrevocablemente; murió mi niñez, murió mi juventud, murió mi mocedad; ya también falleció mi edad varonil. Pues ¿cómo llamo vida una vejez que es sepulcro, donde yo propio soy entierro de cinco difuntos que he vivido?

viviɹ sepultuɹa ðe mi pɹopĭa mŭeɹte | i̯ no ðeseaɹé akavaɹ ðe seɹ entieɹo ðe mi mizma viða? || amme ðesampaɹaðo las fŭeɹθas konfiésanlo vaθilando los pĭes | temblando laz manos uɟós el koloɹ ðel kaveʎo | i̯ vistĭose ðe θeniθa la vaɹva | los oxos | inávilɛs paɹa ɹeθiviɹ la luθ miɹan noĉe || sakeaða ðe los aɟuoz la voka ni pŭeðe ðisponeɹ el alimento ni ɡoveɹnaɹ la voθ | laz venas paɹa kalentaɹse neθesitan ðe la fĭeɹve || laz ruɡas an desamoldaðo las faɡθĭones | ɟ el peʎexo se ve ðisfoɹme kon el divuxo ðe la kalaveɹa | ke poɹ el se tɹazluθe | ninɡuna kosa me ða mas oɹoɹ k el espexo en ke me miɹo || kŭanto mas fĭelmente me repɹesenta | mas fĭeɹamente m espanta || ¿komo pŭes amaɹé lo ke temo? || ¿komo ðeseaɹé lo ke uɟo? || ¿komo avoreθeɹé la mŭeɹte | ke me livɹa ðe lo ke avoreθko i̯ me aθe avoreθivle? ||

del vivo al mŭeɹto no va otɹa ðifeɹenθĭa | sino k el vivo está muɹĭendo kaða ðía i̯ la postɹeɹa oɹa || el ke mŭeɹe no tiene mas ke moɹiɹ | ɟ el ke vive tĭene ke moɹiɹ mas || lŭeɡo | si la mŭeɹt es temeɹosa poɹ mŭeɹte | maz la ðeve temeɹ el ke la paðeθe paɹa paðeθeɹla | k el ke la paðeθe paɹ akavaɹla ðe paðeθeɹ || toðo | seɲoɹ ðom *manŭel | lo aθemos al revés || tememoz la mŭeɹte | i̯ keɹemoz maz mŭeɹte || deseamos ke no se ʎeɡe | i̯ keɹemos ke no se akave || toða nŭestɹ ansĭa ez viviɹ la mŭeɹte | i̯ toðo nŭestɹo mĭeðo | temĭéndola | es ke akave nŭestɹa mŭeɹte ðe moɹiɹ ||

jo no vuskaɹé la mŭeɹte | ni la ʎamaɹé || ke las xuθɡo aɡθĭonez ðiktaðaz ðel umoɹ neɡɹo || dispondɹeme (a) aɡŭaɹðaɹla sin sovɹesalto | a pasaɹla kom pɹevenθĭón katólika || eʎa m está (a)ɡŭaɹðando ðonde me ʎevo jo sim paɹaɹ || jo no se ðonde me aɡŭaɹða || empero se ke ja no me pŭeðe aɡŭaɹðaɹ muĉo tĭempo ||

¿Por qué, pues, desearé vivir sepultura de mi propia muerte, y no desearé acabar de ser entierro de mi misma vida? Hanme desamparado las fuerzas, confiésanlo vacilando los piés, temblando las manos, huyóse el color del cabello, y vistióse de ceniza la barba, los ojos, inhábiles para recibir la luz, miran noche: saqueada de los años la boca, ni puede disponer el alimento ni gobernar la voz; las venas para calentarse necesitan de la fiebre; las rugas han desamoldado las facciones; y el pellejo se ve disforme con el dibujo de la calavera, que por él se trasluce. Ninguna cosa me da más horror que el espejo en que me miro: cuanto más fielmente me representa, mas fieramente me espanta. ¿Cómo pues amaré lo que temo? ¿Cómo desearé lo que huyo? ¿Cómo aborreceré la muerte, que me libra de lo que aborrezco y me hace aborrecible? . . .

Del vivo al muerto no va otra diferencia sino que el vivo está muriendo cada día y la postrera hora. El que muere no tiene más que morir, y el que vive tiene que morir más. Luego si la muerte es temerosa por muerte, más la debe temer el que la padece para padecerla, que el que la padece para acabarla de padecer. Todo, señor don Manuel, lo hacemos al revés; tememos la muerte, y queremos más muerte; deseamos que no se llegue y queremos que no se acabe. Toda nuestra ansia es vivir la muerte, y todo nuestro miedo (temiéndola) es que acabe nuestra muerte de morir.

Yo no buscaré la muerte ni la llamaré; que las juzgo acciones dictadas del humor negro. Dispondréme a aguardarla sin sobresalto, a pasarla con prevención católica. Ella me está aguardando donde me llevo yo sin parar. Yo no sé dónde me aguarda; empero sé que ya no me puede aguardar mucho

jo̯ embío ðelante la konsiðeɹaθióm poɹke ðe mi paɹte
l asista̯ el entendimïento | paɹa ke su komunikaθión
le̯ auilite̯ a̯ ðisponeɹ mi uoluntað ||

muɹió *kɹisto nŭestɹo *seɲoɹ | *ðioz j ombɹe
ueɹðaðeɹo | ke uino̯ a̯ ðaɹ salúð al mundo ðe tɹeinta̯
i̯ tres aɲos | i ¿me kexaɹé jo ðe moɹiɹ ðe θiŋkŭenta |
ke toðos eʎos e siðo̯ enfeɹmeðað j eskándalo ðel
mundo? ¿a kŭantas tɹauesuɹaz ðe mjo ðeuo la uiða? ||
¿a kŭantaz lokuɹaz ðe muc∫ac∫o? ¿a kŭantoz ðelitoz
ðe manθeuo? || ¿a kŭantaz ðezðic∫az ðe̯ ombɹe? | no las
pŭeðo kontaɹ poɹ infinitas | i las pŭeðo̯ aseguɹaɹ poɹ
θieɹtas ðero pŭez gastaɹ est espaθïo ke me ɹesta̯
e̯n rekonoθimientos a *ðïoz ðestaz mŭeɹtez | ðe ke
kiso lleuaɹme | paɹa ke ʎegase̯ a̯ la ke no pŭeðo
ðexar ðe ʎegaɹ |

TIRSO DE MOLINA

(FRAY GABRIEL TELLEZ)

15. el buɹlaðoɹ ðe *seuiʎa

*rei̯ | ¿ez uŭena tieɹa
*lizuoa? |
*doŋ *gonθalo | la̯ majoɹ θiuðá ð *espaɲa ||
i si mandas ke ðiga lo k e uisto |
ðe lo̯ esteɹïoɹ i θéleuɹ(e) | en um punto̯
e̯n tu pɹesenθïa te pondɹé u̯n retɹato ||
*rei̯ || jo gustaɹé ðe̯ oiɹlo | daðme siʎa ||
doŋ gonθalo || ez *lizuoa̯ u̯na̯ o̯gtaua maɹauiʎa ||
de las entɹaɲaz ð *espaɲa |
ke son las tïeraz ðe *kŭeŋka |
naθ el kau̯ðaloso *taxo |
ke meðïa̯ *e̯spaɲ atɹauïesa ||

tiempo. Yo envío delante la consideración, porque de mi parte la asista el entendimiento, para que su comunicación le habilite a disponer mi voluntad.

Murió Cristo nuestro Señor, Dios y hombre verdadero (que vino a dar salud al mundo) de treinta y tres años, y ¿me quejaré yo de morir de cincuenta, que todos ellos he sido enfermedad y escándalo del mundo? ¿A cuántas travesuras de niño debo la vida? ¿A cuántas locuras de muchacho? ¿A cuantos delitos de mancebo? ¿A cuántas desdichas de hombre? No las puedo contar por infinitas, y las puedo asegurar por ciertas. Debo pues gastar este espacio que me resta, en reconocimientos a Dios destas muertes, de que quiso librarme para que llegase a la que no puedo dejar de llegar.

Tirso de Molina (1571–1648)
(Fray Gabriel Tellez)

15. El Burlador de Sevilla (I 14)

El Rey Don Alonso de Castilla. Don Gonzalo de Ulloa. Acompañamiento

Rey. ¿Es buena tierra
Lisboa?
D. Gonzalo. La mayor ciudad de España
Y si mandas que diga lo que he visto,
De lo exterior y célebre, en un punto
En tu presencia te pondré un retrato.
Rey. Yo gustaré de oirlo. Dadme silla.
D. Gonzalo. Es Lisboa una octava maravilla.
De las entrañas de España,
Que son las tierras de Cuenca,
Nace el caudaloso Tajo,
Que media España atraviesa.

entɹa en el maɾ *oθeano |
en las sagɹaðaz ɾibeɹaz
ðesta θiuðað | poɹ la paɾte
ðel *suɾ | mas antes ke pieɾða
su kuɾso i su klaɾo nombɾe |
aθe um pŭeɾto entɾe ðos sieɾaz |
ðond están | de toðo el oɾbe |
ɾaɾkaz | naβes | kaɾaβelas
ai galeɾas i saetías
tantas | ke ðezðe la tieɾa
paɾeθe una gɾan θiuðað
aðonde *neptuno reina
a la paɾte ðel ponïente
gŭaɾðan el pŭeɾto ðos fŭeɾθaz
ðe *kaskaes i *saŋ *xŭan |
laz mas fŭeɾtez ðe la tieɾa
está ðesta gɾan θiuðað |
poko maz ðe meðia legŭa |
*reléŋ | kombento ðel santo
konoθiðo poɾ la pieðɾa
i poɾ el león de gŭaɾða
ðonde loz rejes i reinas |
katólikos i kɾistïanos |
tienen sus kasas peɾpetŭas ||
lŭego esta mákina insigne
ðezðe *alkántaɾa komienθa
una gɾan legŭa (a) tendeɾse
al kombento ðe *xaβɾegas ||
em meðio está el βaʎ eɾmoso |
koɾonaðo ðe tɾes kŭestas |
ke keðaɾa koɾto *apeles |
kŭando pintaɾlas kisieɾa ||
poɾke miɾaðaz ðe lexos |
paɾeθem piɲaz ðe peɾlas
k estám pendïentez ðel θïelo |

Entra en el mar Oceano
En las sagradas riberas
Desta ciudad, por la parte
Del Sur; mas antes que pierda
Su curso y su claro nombre,
Hace un puerto entre dos sierras,
Donde están de todo el orbe
Barcas, naves, carabelas.
Hay galeras y saetías
Tantas, que desde la tierra
Parece una gran ciudad
Adonde Neptuno reina.
A la parte del poniente
Guardan el puerto dos fuerzas,
De *Cascaes* y *San Juan*,
Las más fuertes de la tierra
Está desta gran ciudad
Poco más de media legua
Belén, convento del santo
Conocido por la piedra
Y por el león de guarda,
Donde los reyes y reinas,
Católicos y cristianos,
Tienen sus casas perpetuas.
Luego esta máquina insigne
Desde Alcántara comienza
Una gran legua a tenderse
Al convento de Jabregas
En medio está el valle hermoso
Coronado de tres cuestas,
Que quedara corto Apeles,
Cuando pintarlas quisiera,
Porque miradas de lejos,
Parecen piñas de perlas
Que están pendientes del cielo.

eŋ kuja gɹandeθa̯ immensa
se ven dieθ *romas θifɹaðas
eŋ kombentoz j en iglesias
en eðifiθios i kaʎes |
en solaɹez j eŋkomĭendas |
en laz letɹaz j en las aɹmas
en la xustiθĭa tan ɹekta |
j en una *miseɹikoɹðĭa
k está o̯ɹando su ɹiveɹa |
i lo ke jo mas alavo
ðesta mákina sobeɹvĭa̯ |
es | ke ðel mizmo kastiʎo̯ |
en distanθia ðe se̯iz legŭas |
se ven sesenta lugaɹes |
ke ʎega̯ el maɹ a sus pŭeɹtas |
uno ðe los kŭales es
el kombento ðe *olvelas |
en el kŭal vi poɹ mis oxos
se̯isθientas i tɹe̯inta θeldaz |
j entɹe moŋxas i veatas
pasan de mil i ðosθientas |
tĭene ðezðe̯ a̯ʎí *lizvoa̯ |
en distanθĭa mŭi pekeɲa |
mil i θĭento tɹe̯inta kintas |
k en nŭestɹa pɹovinθĭa *rétika
ʎamaŋ koɹtixos | i toðas
kon suz weɹtoz j alameðas ||
em meðio ðe la θiuðað
a̯i u̯na plaθa sobeɹvĭa |
ke se ʎama ðel *roθío |
gɹand | eɹmosa̯ | i̯ vĭen dispŭesta |
ke̯ a̯vɹá θien aɲoz | j a̯un mas |
k el maɹ vaɲava su̯ a̯ɹena |
j aoɹa ðeʎ a la maɹ
a̯i tɹe̯inta mil kasas eʃas ||

En cuya grandeza inmensa
Se ven diez Romas cifradas
En conventos y en iglesias,
En edificios y calles,
En solares y encomiendas,
En las letras y en las armas,
En la justicia tan recta,
Y en una Misericordia
Que está honrando su ribera.
Y lo que yo más alabo
Desta máquina soberbia,
Es, que del mismo castillo,
En distancia de seis leguas,
Se ven sesenta lugares,
Que llega el mar a sus puertas.
Uno de los cuales es
El convento de *Olivelas*,
En el cual ví por mis ojos
Seiscientas y treinta celdas,
Y entre monjas y beatas
Pasan de mil y doscientas.
Tiene desde allí Lisboa,
En distancia muy pequeña,
Mil y ciento treinta quintas,
Que en nuestra provincia Bética
Llaman cortijos, y todas
Con sus huertos y alamedas.
En medio de la ciudad
Hay una plaza soberbia,
Que se llama del Rocío,
Grande, hermosa y bien dispuesta
Que habrá cien años, y aún más
Que el mar bañaba su arena,
Y ahora della a la mar
Hay treinta mil casas hechas ;

ke pe̯ɹðĭendo̯ e̯l maɹ su kuɹso
se tendió a̯ paɹtez ðiʋeɹsas ‖
tĭene̯ u̯na kaʎe ke ʎaman
*ʋua nora | o̯ kaʎe nŭeʋa
donde se θifɹa̯ e̯l *oɹĭent(e)
eŋ gɹandeθas i ɹikeθas
tanto | k el *ɹei̯ me kontó
ke̯ ai̯ u̯m meɹkaðeɹ en eʎa |
ke poɹ no poðeɹ kontaɹlo |
miδ el dineɹo̯ a̯ fanegas |
el teɹeɹo | donde tĭene
*poɹtugal su kasa ɹexia |
tĭene̯ i̯ŋfinitoz naʋíoz
ʋaɹaðos sĭempɹ en la tĭera |
de solo θeʋaða̯ i̯ tɹigo
de *fɹanθĭa̯ e̯ *i̯ŋglatera |
pŭes el palaθĭo ɹeal |
k el *taxo suz manoz ʋesa |
e̯s eðifiθĭo ðe̯ *u̯lises |
ke ʋasta paɹa gɹandeθa |
ðe kĭen toma la θĭuðað
nombɹ en la latina leŋgŭa |
ʎamándose̯ *u̯lisiʋona |
kujas aɹmas son la̯ e̯sfeɹa
poɹ peðestal de laz ʎagas
k en la ʋataʎa saŋgŭenta
(a)l *ɹei̯ ðon *alonso̯ *e̯nɹikeθ
ðĭo la *maxestað immensa |
tĭen en su gɹan *taɹaθana
ðiʋeɹsaz naʋez | j entɹ eʎaz
laz naʋez ðe la koŋkista |
taŋ gɹandes | ke ðe la tĭera
miɹaðas | xuθgan los ombɹes
ke tokan en las estɹeʎas |
i lo ke ðesta θĭuðad

Que perdiendo el mar su curso
Se tendió a partes diversas.
Tiene una calle que llaman
Rua nova, o calle nueva,
Donde se cifra el Oriente
En grandezas y riquezas,
Tanto, que el Rey me contó
Que hay un mercader en ella,
Que por no poder contarlo,
Mide el dinero a fanegas.
El terrero, donde tiene
Portugal su casa regia,
Tiene infinitos navíos,
Varados siempre en la tierra,
De solo cebada y trigo
De Francia e Inglaterra.
Pues el palacio real,
Que el Tajo sus manos besa,
Es edificio de Ulises,
Que basta para grandeza,
De quien toma la ciudad
Nombre en la latina lengua,
Llamándose *Ulisibona*,
Cuyas armas son la esfera
Por pedestal de las llagas,
Que en la batalla sangrienta
Al Rey don Alonso Enríquez
Dió la Majestad inmensa.
Tiene en su gran Tarazana
Diversas naves, y entre ellas
Las naves de la conquista,
Tan grandes, que de la tierra
Miradas, juzgan los hombres
Que tocan en las estrellas.
Y lo que desta ciudad

te kŭento poɹ esθelenθi̯a |
es | k estando suz reθinos
komĭendo dezđe laz mesaz
i en los kopoz đel peskađo
ke xunto a sus pŭeɹtas peskaŋ
ke tiʎendo entɹe laz ređez
vienen a entɹaɹse poɹ eʎas
i soɓɹe todo el ʎegaɹ
kađa taɹđe a su riɓeɹa
maz đe mil ɓaɹkos | kaɹgađoz
đe meɹkanθíaz điɓeɹsas
i đe sustent oɹđinaɾĭo |
pan | aθeite | vino i leɲa |
fɹutaz đe iŋfinita sŭeɹte |
nĭeɓe đe sĭera đ *estɹeʎa
ke poɹ las kaʎes a gɹitos
pŭesta soɓɹe las kaɓeθaz |
la venden mas ¿ke me kanso? |
poɹk es kontaɹ las estɹeʎas
keɾeɹ kontaɹ una paɹte
đesta θĭuđađ opulenta |
θiento i tɹeinta mil veθinos |
tĭene | gɾan seɲoɹ poɹ kŭenta
i poɹ no kansaɹte mas |
un *rei ke tuz manoz ɓesa

Pedro Calderón de la Barca

16. el máxiko pɹođixĭoso

(sŭena rŭiđo đe tɹŭenos | kon tempestađ i rajos)

*θipɹĭano

¡k es esto | θĭelos puɹos?
¡klaɹos a un tĭempo | j en el mizm oskuɹoz |
đando al día đezmajos! ||

Te cuento por excelencia,
Es, que estando sus vecinos
Comiendo, desde las mesas
Ven los copos del pescado
Que junto a sus puertas pescan,
Que bullendo entre las redes,
Vienen a entrarse por ellas;
Y sobre todo, el llegar
Cada tarde a su ribera
Más de mil barcos cargados
De mercancías diversas
Y de sustento ordinario,
Pan, aceite, vino y leña,
Frutas de infinita suerte,
Nieve de sierra de Estrella,
Que por las calles a gritos,
Puesta sobre las cabezas,
La venden, mas ¡que me canso
Porque es contar las estrellas
Querer contar una parte
Desta ciudad opulenta.
Ciento y treinta mil vecinos
Tiene, gran señor, por cuenta,
Y por no cansarte más,
Un Rey que tus manos besa

PEDRO CALDERÓN DE LA BARCA (1600–1681)

16. El Mágico Prodigioso (II 7)

(Suena ruido de truenos, con tempestad y rayos)

CIPRIANO

¿Qué es esto, cielos puros?
¡Claros a un tiempo, y en el mismo oscuros;
Dando al día desmayos!

los tɾŭenoz | loz ɾelámpaɣos i rajos |
aɾojan de su θentɾo
los asombɾos ke ja no kaβen dentɾo
de nuβes toðo el θĭelo se koɾona |
i pɾeɲaðo ðe ɣɾanizo | no peɾðona
el eleβaðo kopete ðeste monte
toðo nŭestɾo oɾiθont(e)
es aɾðiente pinθel del *monxiβelo |
nĭeβla el sol | umo el aiɾe | fŭeɣo el θĭelo |
¡tanto a ke te ðexé | filosofía |
ke ignoɾo los efektoz ðeste ðía! |
asta el maɾ soβɾe nuβes | se imaxina
ðesespeɾaða ɾŭina |
pŭes kɾespo soβɾe el βiento en leβes plumas |
le pasa poɾ paɾesaz las espumas ||
nauɣfɾaɣando una naβ(e)
en toðo el maɾ paɾeθe ke no kaβe |
pŭes el ampaɾo mas seɣuɾo i θieɾto
es kŭando uje la pĭeðɾa ðel pŭeɾto
el klamoɾ | el asombɾo i el xemiðo
fatal pɾesaxĭo an siðo
ðe la mŭeɾte k espeɾa | i lo ke taɾða
es poɾk esté muɾĭendo lo ke aɣŭaɾða |
i aun en eʎa tambĭén βĭenen poɾtentos
no son toðoz ðe θĭeloz i elementos |
sin duða se βistĭó ðe la toɾment(a)
a t͡ʃokaɾ kon la tĭeɾa
βĭene | ja no ez ðel maɾ solo la gueɾa |
pŭez la ke se le ofɾeθe |
un peɲasko le aɾɾima en ke tɾopĭeθe |
poɾke la espuma en sangɾe se salpike |

Los truenos, los relámpagos y rayos
Abortan de su centro
Los asombros que ya no caben dentro.
De nubes todo el cielo se corona,
Y preñado de horrores, no perdona
El rizado copete deste monte
Todo nuestro horizonte
Es ardiente pincel del Mongibelo,
Niebla el sol, humo el aire, fuego el cielo.
¡Tanto ha que te dejé, filosofía,
Que ignoro los efectos deste día!
Hasta el mar sobre nubes se imagina
Desesperada ruina,
Pues crespo sobre el viento en leves plumas,
Le pasa por pavesas las espumas.
Naufragando una nave,
En todo el mar parece que no cabe;
Pues el amparo mas seguro y cierto
Es cuando huye la piedad del puerto.
El clamor, el asombro y el gemido
Fatal presagio han sido
De la muerte que espera, y lo que tarda
Es porque esté muriendo lo que aguarda.
Y aun en ella también vienen portentos,
No son todos de cielos y elementos
Sin duda se vistió de la tormenta
A chocar con la tierra
Viene. Ya no es del mar solo la guerra,
Pues la que se le ofrece,
Un peñasco le arrima en que tropiece,
Porque la espuma en sangre se salpique

17. el alkalde ðe *θalamea

*isaʋel (ʎoɹando)

nuŋk amaneθk a mis oxoz
la luθ eɹmosa ðel día
poɹkę a̯ su sombɹa no teŋga
ʋeɹgŭenθa jo ðe mi mizma
¡o tu | ðe tantas estɹeʎas
pɹimaʋeɹa fuxitiʋa |
no ðez lugaɹ a l au̯ɹoɹa |
ke tu̯ a̯θul kampiɲa pisa |
paɹa ke kon ɹisa̯ i̯ ʎanto
ʋoɹe tu̯ apaθiʋle ʋista̯ |
ǫ ja kę a̯ ðe seɹ | ke sea
kon ʎanto | maz no kon ɹisa! ||
detentę | ǫ majoɹ planeta |
mas tĭempǫ en la̯ ęspuma fɹía
ðel maɹ | dexa kę u̯na ʋeθ
ðilate la noʧ eskuɹa
su tɹémulǫ i̯mpeɹĭo | dexa
ke ðe tu ðei̯ðað se ðig(a) |
atent a miz rŭegos | k ez
ʋoluntaɹĭa̯ i̯ no pɹeθisa ||
¿paɹa ke kĭeɹes saliɹ
a ʋeɹ en la̯ i̯stoɹĭa mia
la mas enoɹme maldað |
la mas fĭeɹa tiɹanía |
k em beɹgŭenθa ðe los ombɹes
kĭeɹ el θĭelo ke s eskuɹa?
mas ¡ai̯ ðe mi! | ke paɹeθe
k es kɹŭeldad tu tiɹanía |
pŭez ðezðe ke t e rogaðo
ke te ðetuʋĭesez | miɹam
mis oxos tu faθ eɹmosa

17. El Alcalde de Zalamea (III. 1)

ISABEL (*sola*)

Nunca amanezca a mis ojos
La luz hermosa del día,
Porque a su sombra no tenga
Vergüenza yo de mí misma.
¡Oh tú, de tantas estrellas
Primavera fugitiva,
No dés lugar a la aurora,
Que tu azul campiña pisa,
Para que con risa y llanto
Borre tu apacible vista.
O ya que ha de ser, que sea
Con llanto, mas no con risa!
Detente, oh mayor planeta,
Más tiempo en la espuma fría
Del mar; deja que una vez
Dilate la noche esquiva
Su trémulo imperio; deja
Que de tu deidad se diga,
Atenta a mis ruegos, que es
Voluntaria y no precisa
¿Para qué quieres salir
A ver en la historia mía
La más enorme maldad,
La más fiera tiranía,
Que en vergüenza de los hombres
Quiere el cielo que se escriba?
Mas ¡ay de mí! que parece
Que es crueldad tu tiranía;
Pues desde que te he rogado
Que te detuvieses, miran
Mis ojos tu faz hermosa

ðeskoʎaɹse poɹ enθima
ðe loz montes || ¡ai̯ ðe mi! |
ke akosaða i peɹseɣiða
ðe tantas penaz | ðe tantas
ansi̯az | ðe tantas impɹas
foɹtunas | kontɹa mi onoɹ
se an konxuɹaðo tus iɹas |,
¿k e ðe aθeɹ? | ¿dond e ðe iɹ? ||
si a mi kasa ðeteɹminam
bolveɹ mis eɹaðas plantas |
seɹá ðaɹ nu̯eva manθiʎ(a)
al anθi̯ano paðɹe mío |
ke otɹo βi̯en | otɹ aleɣɹía
no tuvo | sino miɹaɹs(e)
en la klaɹa luna limpi̯a
ðe mi onoɹ | ke oi̯ | ¡ðezðiʃaðo! |
tan toɹpe manʃa l eklipsa ||
si ðexo | poɹ su respeto
i mi temoɹ aflixiða |
ðe volveɹ a kasa | ðexo
abi̯eɹto el paso a ke ðigan
ke fu̯i komplíθ em mi iŋfami̯a |
i θi̯eɣa i inaðveɹtiða |
veŋgo (a) aθeɹ ðe la inoθenθi(a)
akɹe(e)ðoɹ(a) a la malıθi̯a |
¡ke mal iθe | ke mal iθe |
ð eskapaɹme fuxitiva
ðe mi eɹmano! || ¿no vali̯eɹa
mas ke su kóleɹ altiva
me ði̯eɹa la mu̯eɹte | ku̯ando
ʎegó a veɹ la su̯eɹte mía? ||
ʎamaɹle ki̯eɹo | ke vu̯elva
kon saɲa maz veŋgativa
i me ðe mu̯eɹte . . . |

Descollarse por encima
De los montes. ¡Ay de mí!
Que acosada y perseguida
De tantas penas, de tantas
Ansias, de tantas impías
Fortunas, contra mi honor
Se han conjurado tus iras
¿Qué he de hacer? ¿Dónde he de ir?
Si a mi casa determinan
Volver mis erradas plantas,
Será dar nueva mancilla
Al anciano padre mío,
Que otro bien, otra alegría
No tuvo, sino mirarse
En la clara luna limpia
De mi honor, que hoy ¡desdichado!
Tan torpe mancha le eclipsa.
Si dejo, por su respeto
Y mi temor afligida,
De volver a casa, dejo
Abierto el paso a que digan
Que fuí cómplice en mi infamia;
Y ciega y inadvertida
Vengo a hacer de la inocencia
Acreedora a la malicia.
¡Qué mal hice, qué mal hice
De escaparme fugitiva
De mi hermano! ¿No valiera
Más que su cólera altiva
Me diera la muerte, cuando
Llegó a ver la suerte mía?
Llamarlo quiero, que vuelva
Con saña más vengativa
Y me dé muerte. .

Gaspar Melchor de Jovellanos

18. memoɹía̯ e̯n defensa ðe la xunta θentɹal

kon esto leʋanto la mano̯ i̯ ðoi̯ fin a̯ esta *memoɹía̯ | e̯ŋ ke tal ʋeθ aʋɹé a̯ʋusaðo ðe la paθi̯enθia̯ i̯ ʋenigniðá ðe miz lektoɹes | si̯ a̯sí fŭeɹe | peɹðónese̯ a̯ la̯ i̯ðalgia ðel impulso ke me moʋió a̯ e̯skɹiʋiɹla | si̯ a̯ʎaɹen demostɹaðo̯ en eʎa ke mi fŭe u̯suɹpaða l a̯u̯toɹiðá ðe ke fŭi paɹte | ni fŭi kulpaʋle ðe̯ a̯ʋuso̯ en su̯ e̯xeɹθiθio ke no koŋkuɹí a̯ ðisipaɹ ni malʋeɹsaɹ los fondos púʋlikos | sino maz ʋien a su fiel i̯ ekonómika ðistɹiʋuθion | i ke fŭi si̯empɹe tan θeloso̯ i̯ konstante ðefensoɹ ðe mi patɹía | komo̯ e̯nemigo ðe los tiɹanos ke la̯ o̯pɹimen | si̯ a̯ʎaɹeŋ ke konsagɹé (e)l último resto ðe miz luθes i fŭeɹθas a la ðefensa̯ i̯ seɹʋiθio ðe la naθión | i k en este laʋoɹi̯oso peɹíoðo ðe mi maxistɹatuɹa | mis opini̯onez | mis eskɹitos | i toðoz los pensami̯entos i toðoz los pasoz ðe mi kondukta puʋlika | fŭeɹon diktaðos poɹ la lealtað i̯ el patɹiotizmo | sin niŋguna miɹa ðe̯ a̯mbiθión de̯ o̯ɹguʎo̯ n inteɹés peɹsonal | si̯ a̯ʎaɹen | eŋ fiŋ | ke ʋŭelto̯ a̯ mi pɹimeɹa kondiθión | em beθ ðel apɹeθio̯ i̯ gɹatituð ke ðeʋía̯ e̯speɹaɹ ðel púʋliko | solo̯ a̯ʎé peligɹos | iŋki̯etuðes | i ðesai̯ɹes | i ke los toleɹé kon la moðeɹaθión i konstanθi̯a ke kombenían a̯ u̯n ombɹe̯ i̯noθente | naða me keðaɹá ke ðeseaɹ | i mi tɹaʋaxo seɹá plenamente rekompensaðo ||

kon toðo̯ | a̯l leʋantaɹ la pluma̯ | u̯na sekɹeta pena keða̯ e̯m mi koɹaθóŋ | ke le tuɹʋaɹá e̯n el resto ðe miz ðías | jo no̯ e̯ poðiðo ðefendeɹme̯ a̯ mi | sin ofendeɹ a̯ otɹos | i temo ke | poɹ la pɹimeɹa ʋeθ ðe mi ʋiða̯ | e̯mpeθaɹé a̯ teneɹ enemigos ke jo mizmo̯ aja̯ e̯gsθitaðo || peɹo̯ e̯ɹiðo̯ e̯n lo maz ʋiʋo̯ i̯ sensiʋle ðe mi̯ o̯noɹ | i no̯ a̯ʎando̯ a̯u̯toɹiðað ke le pɹotexi̯ese̯ i̯ salʋaɹ(e) | eɹa

Gaspar Melchor de Jovellanos (1744–1815)

18. Memoria en Defensa de la Junta Central (1811)

Con esto levanto la mano y doy fin a esta *Memoria*, en que tal vez habré abusado de la paciencia y benignidad de mis lectores. Si así fuere, perdónese a la hidalguía del impulso que me movió a escribirla. Si hallaren demostrado en ella que ni fué usurpada la autoridad de que fuí parte, ni fuí culpable de abuso en su ejercicio; que no concurrí a disipar ni malversar los fondos públicos, sino más bien a su fiel y económica distribución, y que fuí siempre tan celoso y constante defensor de mi patria, como enemigo de los tiranos que la oprimen; si hallaren que consagré el último resto de mis luces y fuerzas a la defensa y servicio de la nación, y que en este laborioso período de mi magistratura, mis opiniones, mis escritos y todos los pensamientos y todos los pasos de mi conducta pública fueron dictados por la lealtad y el patriotismo, sin ninguna mira de ambición, de orgullo ni interés personal; si hallaren, en fin, que vuelto a mi primera condición, en vez del aprecio y gratitud que debía esperar del público, sólo hallé peligros, inquietudes y desaires, y que los toleré con la moderación y constancia que convenían a un hombre inocente, nada me quedará que desear, y mi trabajo será plenamente recompensado.

Con todo, al levantar la pluma, una secreta pena queda en mi corazón, que le turbará en el resto de mis días. Yo no he podido defenderme a mí sin ofender a otros, y temo que, por la primera vez de mi vida, empezaré a tener enemigos que yo mismo haya excitado. Pero herido en lo más vivo y sensible de mi honor, y no hallando autoridad que le protegiese pɹeθiso ʋuskaɹ mi ðefensa en la pluma | únik aɹma ke aʋía keðaðo em miz manos || manexaɹla kon tem-planθa | kŭando un doloɹ tan aguðo la impelía | eɹa mŭi ðifiθil || otɹo maz ðĭestɹo en estaz liðez la ʋieɹa esgɹimiðo kom mas aɹte | j eɹiðo mas | esponĭéndose menos || jo atakaðo kom ʋe(e)menθía j entɹando en la lueʃa mespeɹto i solo | m entɹegé a eʎ a kŭeɹpo ðeskuʋíeɹto | i poɹ salɹ del peligɹo pɹesente | no me kuɹé ðe los ke poðían soʋɹeʋeniɹ | tal eɹa el impulso ke me aɹastɹaʋa | ke me ɹθo peɹðeɹ ðe ʋista | toðas akeʎas konsiðeɹaθiones | ke tanto puðieɹan soʋɹe mi en otɹo tĭempo | beneɹaθĭón a l autoɹiðað púʋlika | ɹespeto a las peɹsonas konstitŭiðas en digniðað | afegθĭones puɹaðaz ðe amistað | ðe iŋklinaθĭón | de tɹato i familĭaɹiðað || toðo θeðĭó em mi espíɹitu al amoɹ a la xustiθĭa | j al deseo ðe ke la ʋeɹðað i la inoθenθĭa tɹĭuŋfasen soʋɹe la embiðĭa i la kalumnĭa ¿i seɹá tanto peɹðonaðo poɹ los ke me peɹsigĭeɹon | ni poɹ los ke me negaɹon su pɹotegθĭón? peɹo no impoɹta | ʎegó ja paɹa mi | el tĭempo eŋ ke toða ðesapɹoʋaθĭóŋ ke no ʋeŋga ðe los ombɹez ðe ʋien | j amantez ðe la xustiθĭa | ðeʋa seɹme indifeɹente || kŭando me aʎo tan θeɹkano a la eðað ke seɲala un téɹmino iɱfaliʋle a la ʋiða ðel ombɹe || kŭando estoi poʋɹe i ðezʋaliðo | i sin ogaɹ ni pɹotegθĭón em mi mizma patɹĭa | ¿ke me keða ke ðeseaɹ | ðespŭez ðe su gloɹĭa i su liʋeɹtað | sino moɹiɹ kon el ʋŭen nombɹe ke pɹokuɹé aðkiɹiɹ en eʎa? ||

amaðos kompatɹĭotas | kŭalkĭeɹa ke sea la ɹexĭóŋ ke aʋitaɹéiz | ðond el nombɹ espaɲol sea respetaðo | si ʎegaɹe a ʋosotɹos esta *memoɹĭa | aðmitiðla kom beniɡniðað | leeðla kon atenθĭón i pesað su mateɹĭa en la ʋalanθa impaɹθĭal de la xustiθĭa || en eʎ aʎaɹéiz ðefendið(a) | ant el augusto tɹiʋunal de la opinĭóm púʋlika | la y salvase, era preciso buscar mi defensa en la pluma, única arma que había quedado en mis manos. Manejarla con templanza cuando un dolor tan agudo la impelía era muy difícil. Otro más diestro en estas lides la hubiera esgrimido con más arte y herido más, exponiéndose menos, yo, atacado con vehemencia y entrando en la lucha inexperto y solo, me entregué a ella a cuerpo descubierto, y por salir del peligro presente, no me curé de los que podían sobrevenir. Tal era el impulso que me arrastraba, que me hizo perder de vista todas aquellas consideraciones que tanto pudieran sobre mí en otro tiempo. Veneración a la autoridad pública, respeto a las personas constituidas en dignidad, afecciones privadas de amistad, de inclinación, de trato y familiaridad, todo cedió en mi espíritu al amor a la justicia y al deseo de que la verdad y la inocencia triunfasen sobre la envidia y la calumnia. ¿Y será tanto perdonado por los que me persiguieron, ni por los que me negaron su protección? Pero no importa, llegó ya para mí el tiempo en que toda desaprobación que no venga de los hombres de bien y amantes de la justicia deba serme indiferente. Cuando me hallo tan cercano a la edad que señala un término infalible a la vida del hombre; cuando estoy pobre y desvalido, y sin hogar ni protección en mi misma patria, ¿qué me queda que desear, después de su gloria y su libertad, sino morir con el buen nombre que procuré adquirir en ella?

Amados compatriotas, cualquiera región que habitaréis, donde el nombre español sea respetado, si llegare a vosotros esta *Memoria*, admitidla con benignidad, leedla con atención y pesad su materia en la balanza imparcial de la justicia. En ella hallaréis defendida ante el augusto tribunal de la kau̯sa ðel méɹito i̯ la̯ i̯noθenθĭa̯ u̯ltɹaxaðos i peɹseɡiðos | kontɹa la̯ e̯mbiðĭa̯ i̯ la kalumnĭa | sus únikos akusaðoɹes || toðoz ʋosotɹos seɹéi̯s sus xŭeθes | i ʋŭestɹo xŭiθĭo seɹá ɹespetaðo ðe la posteɹiðað | dað pŭes el faʎo | ðe kuja faʋoɹaʋle xustiθĭa me̯ a̯seɡuɹa mi konθĭenθĭa | i si̯ e̯m meðĭo ðe laz láɡɹimas | ke̯ os aθe ðeɹamaɹ soʋɹe loz malez ðe nŭestɹa patɹĭa̯ el fuɹoɹ ðe los enemiɡos e̯xsteɹĭoɹes ke taŋ kɹŭelmente la ðeʋastaŋ | keðan alɡunas paɹa sentiɹ las i̯ŋxustiθĭas koŋ ke sus enemiɡos inteɹnoz l aflixen | konθeðeðlas a̯ u̯n anθĭano maxistɹaðo̯ | a̯ kĭen no ʋastaɹon ni loz laɹɡos seɹʋiθĭos ke̯ iθo | ni las kɹŭeles peɹsekuθĭones ke sufɹió | ni las últimas ilustɹez ʋixilĭas ke konsaɡɹó a̯l ʋĭen i ðefensa ðe su naθĭóm | paɹa salʋaɹle ðe la peɹsekuθĭón | j el fuɹoɹ ð estos espuɹeos espaɲoles | diɡnáos | pŭez | ðe seʎaɹ kom bŭestɹo xŭiθĭo su ðesaɡɹaʋĭo | ðe konsolaɹle kom bŭestɹa kompasĭón | i ðe ðaɹl em bŭestɹo̯ a̯pɹeθĭo̯ i̯ ɡɹatituð | el úniko pɹemĭo ke ðesea paɹ akaʋaɹ em paθ suz ðías | asi pɹomoʋeɹéi̯s a̯ u̯m mizmo tĭempo la kau̯sa ðe la̯ i̯noθenθĭa̯ i̯ la ðe la patɹĭa | kuja gloɹĭa̯ i̯ seɡuɹiðað no̯ e̯stám menos θifɹaðas en los tɹĭuɱfoz ðe su ʋaloɹ k en loz ðe su xustiθĭa |

Tomás de Iriarte

19. fáʋulaz liteɹaɹĭas

el eɹuðito j el ratón

(ai̯ kasos eŋ k ez neθesaɹĭa la kɹítika seʋeɹa)

en el kŭaɹto ðe̯ u̯n θéleʋɹ *eɹuðito |
se̯ o̯speðaʋa̯ u̯n *ratón || ¡ratóm maldito! ||

opinión pública la causa del mérito y la inocencia ultrajados y perseguidos, contra la envidia y la calumnia, sus únicos acusadores. Todos vosotros seréis sus jueces, y vuestro juicio será respetado de la posteridad. Dad pues el fallo, de cuya favorable justicia me asegura mi conciencia. Y si en medio de las lágrimas que os hace derramar sobre los males de nuestra patria el furor de los enemigos exteriores, que tan cruelmente la devastan, quedan algunas para sentir las injusticias con que sus enemigos internos la afligen, concededlas a un anciano magistrado, a quien no bastaron ni los largos servicios que hizo, ni las crueles persecuciones que sufrió, ni las últimas ilustres vigilias que consagró al bien y defensa de su nación, para salvarle de la persecución y el furor de estos espúreos españoles. Dignaos, pues, de sellar con vuestro juicio su desagravio, de consolarle con vuestra compasión y de darle en vuestro aprecio y gratitud el único premio que desea para acabar en paz sus días. Así promoveréis a un mismo tiempo la causa de la inocencia y la de la patria, cuya gloria y seguridad no están menos cifradas en los triunfos de su valor que en los de su justicia.

MUROS, *2 de setiembre de 1810.*

19. TOMÁS DE IRIARTE (1750–1791)

19. Fábulas Literarias

El Erudito y el Ratón

Hay casos en que es necesaria la crítica severa

En el cuarto de un célebre Erudito
Se hospedaba un Ratón, ¡ratón maldito!

ke no se alimentaβa ðe otɹa kosa
ke ðe roeɹ siempɹe βeɹso i pɹosa
　ni ðe uŋ gataθo el βixilante θelo
puðo ʎeɣaɹle al pelo
ni eɣstɹaɲas imbenθĭonez
ðe βaɹías e iŋxenĭosaz ratoneɹas |
o el rexalɣaɹ en dulθes koŋfeɣθĭones
kuɹaɹ loɣɹaɹon su inθesante anelo
ðe rexistɹaɹ laz ðoktas papeleɹaz |
i akɹiβiʎaɹ las páxinas enteɹas
　kiso lúeɣo la tɹampa |
k el peɹseɣiðo autoɹ ðiese a la estampa
sus oβɹaz ð elokŭenθĭa i poesía |
i akel βiʧo tɹaβieso
si antez lo manuskɹito le roía
muʧo mexoɹ roía ja lo impɹeso
　¡ke ðezɣɹaθía la mía! |
el liteɹato esklama ja estoi aɹto
ð eskɹiβiɹ paɹa xente roeðoɹa
i poɹ no βeɹm en esto | ðezðe aoɹa
papel βlaŋko no mas aβɹá em mi kŭaɹto
jo aɹé k este ðesoɹðen se korixa . . . !
peɹo si la tɹaiðoɹa *saβandixa |
tan eʧ a malaz maɲas iɣŭalment(e)
en el βlanko papel iŋkaβa el diente |
　el autoɹ | aβuɹɹiðo
eʧa en la tinta ðósis kompetente
ðe solimám moliðo
eskɹiβe | jo no se si em pɹosa o βeɹso
deβoɹa pŭes el animal peɹβeɹso |
i reβienta poɹ fin . . . . ¡feliθ reθeta! |
ðixo entonθes el kɹítiko poeta |
kĭen tanto roe | miɹe no l eskɹiβa
kon um poko ðe tinta korosiβa |
　bĭen aθe kĭen su kɹítika moðeɹa

Que no se alimentaba de otra cosa
Que de roerle siempre verso y prosa
  Ni de un gatazo el vigilante celo
Pudo llegarle al pelo,
Ni extrañas invenciones
De varias e ingeniosas ratoneras,
O el rejalgar en dulces confecciones,
Curar lograron su incesante anhelo
De registrar las doctas papeleras,
Y acribillar las páginas enteras.
  Quiso luego la trampa
Que el perseguido autor diese a la estampa
Sus obras de elocuencia y poesía:
Y aquel bicho travieso,
Si antes lo manuscrito le roía,
Mucho mejor roía ya lo impreso.
  "¡Que desgracia la mía!
(El literato exclama): ya estoy harto
De escribir para gente roedora,
Y por no verme en esto, desde ahora
Papel blanco no más habrá en mi cuarto.
Yo haré que este desorden se corrija. . . .
Pero sí: la traidora Sabandija,
Tan hecha a malas mañas, igualmente
En el blanco papel hincaba el diente.
  El Autor, aburrido,
Echa en la tinta dósis competente
De solimán molido
Escribe (yo no sé si en prosa o verso):
Devora, pues, el animal perverso,
Y revienta por fin . . . "¡Feliz receta!
(Dijo entonces el crítico poeta):
Quien tanto roe, mire no le escriba
Con un poco de tinta corrosiva"
  Bien hace quien su crítica modera:

peɹo̯ u̯saɹla kombĭene mas seʋeɹa
kontɹa θensuɹa̯ iŋxusta j ofensiʋa
kŭando no̯ a̯ʋlaɹ kon sinθeɹo ðenŭeðo
poka raθón aɹgu̯je̯ | o̯ mucʃo mĭeðo ;

Leandro Fernández de Moratín

20. el si ðe laz niɲas

akto pɾimeɹo   esθena pɾimeɹa

*don *dĭego || *simón

(sale *ðon *dĭego ðe su kŭaɹto | *simóŋ | k está sentaðo̯ e̯n una siʎa | se leʋanta)

*don *dĭego | ¿no̯ an beniðo toðaʋía? ||
*simón no seɲoɹ ||
*don *dĭego || despaθĭo l an tomaðo poɹ θĭeɹto ||
*simón | komo su tía la kĭeɹe tanto | segúm paɹeθe̯ | i̯ no l a ʋisto | ðezðe ke la ʎeʋaɹon a *gŭaðalaxaɹa . . . ||
*don *dĭego | si || jo no ðigo ke no la ʋĭese || peɹo kom meðĭa̯ oɹa ðe ʋisita̯ i̯ kŭatɹo láɡɹimas ¦ estaʋa koŋklŭiðo ||
*simón || eʎo tambĭén a siðo̯ estɾaɲa ðeteɾminaθĭón | la ð estaɹse̯ usté ðoz ðías enteɹos sin saliɹ ðe la posaða || kansa̯ e̯l leeɹ | kansa̯ e̯l doɹmiɹ . . . | i soʋɾe toðo kansa la mugɾe ðel kŭaɹto | las siʎaz ðezʋenθixaðaz las estampaz ðel ixo pɾóðigo̯ | e̯l rŭiðo ðe kampaniʎas i kaskaʋeles | i la kombeɹsaθĭón ɾoŋka ðe kaɾomateɹos i patanes | ke no peɹmiten un instante ðe kĭetuð ||
*don *dĭego || a siðo kombenĭent el aθeɹlo̯ así || akí me konoθen toðos | i no̯ e̯ keɹiðo ke naðĭe me ʋea ||
*simón || jo no̯ a̯lkanθo la kau̯sa ðe tanto retiɹo ||

Pero usarla conviene más severa
Contra censura injusta y ofensiva,
Cuando no hablar con sincero denuedo
Poca razón arguye, o mucho miedo.

Leandro Fernández de Moratín (1760–1828)

20. El Sí de las Niñas (1806) (I. 1)

Don Diego Simón

(*Sale don Diego de su cuarto. Simón, que está sentado en una silla, se levanta*).

Don Diego. ¿No han venido todavía?

Simón. No, señor.

Don Diego. Despacio la han tomado por cierto.

Simón. Como su tía la quiere tanto, según parece, y no la ha visto desde que la llevaron a Guadalajara . . .

Don Diego. Sí. Yo no digo que no la viese, pero con media hora de visita y cuatro lágrimas, estaba concluido.

Simón. Ello también ha sido extraña determinación la de estarse usted dos días enteros sin salir de la posada. Cansa el leer, cansa el dormir. . . . Y sobre todo cansa la mugre del cuarto, las sillas desvencijadas, las estampas del hijo pródigo, el ruido de campanillas y cascabeles, y la conversación ronca de carromateros y patanes, que no permiten un instante de quietud.

Don Diego. Ha sido conveniente el hacerlo así. Aquí me conocen todos, y no he querido que nadie me vea.

Simón. Yo no alcanzo la causa de tanto retiro

¿pŭes ai̯ mas en esto | ke̯ aβeɹ akompaɲaðo̯ usteð a doɲa *ɹiene̯ asta *gŭaðalaxaɹa | paɹa sakaɹ ðel kombento a̯ la niɲa i̯ bolbeɹnos kon eʎas a *maðɹið? ||

*don *diego | si̯ ombɹe | algo mas ai̯ de lo ke̯ az bisto |

*simón | aðelante |

*don *diego || algo | algo . . . | eʎo tu̯ al kabo lo̯ az ðe saβeɹ | i no pŭeðe taɹðaɹse muʧo . . . miɹa *simón | poɹ *ðios t eŋkaɹgo ke no lo ðigas . . . | tu eɹes ombɹe ðe βien | i me as seɹβiðo muʧos aɲos koŋ fiðeliðað . . . ja βes k emos sakaðo̯ a̯ esa niɲa ðel kombento̯ i̯ noz la ʎeβamos a *maðɹið

*simón | si seɲoɹ |

*don *diego | pŭez βien . . . | peɹo te bŭelbo̯ a̯ eŋkaɹgaɹ | ke̯ a̯ naðie lo ðeskuβɹas

*simón | bien está seɲoɹ | xamás e gustaðo ðe ʧizmes ||

*don *diego | ja lo se | poɹ eso kieɹo fiaɹme ðe ti | jo | la βeɹðað | muj k aβía βisto̯ a̯ la tal doɲa *pakita || peɹo meðiante l amistað kon su maðɹ(e) | e teniðo fɹekŭentez notiθiaz ð eʎa | e leiðo muʧaz ðe las kaɹtas k eskɹiβɹa | e βisto̯ algunaz ðe su tía la moŋxa | koŋ kien a βiβiðo̯ eŋ *gŭaðalaxaɹa || en suma̯ | e̯ teniðo kŭantos iŋfoɹmes puðieɹa ðeseaɹ | aθeɹka ðe sus iŋklinaθiones i su kondukta | ja̯ e̯ logɹaðo βeɹla || e pɹokuɹað obseɹβaɹla̯ en estos pokoz ðias | i a ðeθiɹ βeɹðað | kŭantos eloxios iθieɹon d eʎa me paɹeθen eskasos ||

*simón | si poɹ θieɹto . . . || ez mŭi linda̯ i̯ . . . ||

*don *diego || ez mŭi linda | mŭi gɹaθiosa | mŭi̯ umilde . . . || i soβɹe toðo̯ | ¡akel kandoɹ | akeʎa̯ inoθenθia! || bamos | ez ðe lo ke no s eŋkŭentɹa poɹ ai . . . || i talento . . . || si seɲoɹ muʧo talento . . . || koŋ ke | paɹ akabaɹ ðe̯ iŋfoɹmaɹte | lo ke jo̯ e̯ pensaðo̯ es . . . ||

¿Pues hay más en esto que haber acompañado usted a doña Irene hasta Guadalajara, para sacar del convento a la niña y volvernos con ellas a Madrid?

Don Diego Sí, hombre, algo mas hay de lo que has visto.

Simón. Adelante.

Don Diego. Algo, algo. . . . Ello tú al cabo lo has de saber, y no puede tardarse mucho . . . Mira, Simón, por Dios te encargo que no lo digas. . . . Tú eres hombre de bien, y me has servido muchos años con fidelidad. . . . Ya ves que hemos sacado a esa niña del convento y nos la llevamos a Madrid.

Simón Sí, señor.

Don Diego Pues bien . . . pero te vuelvo a encargar que a nadie lo descubras.

Simón. Bien está, señor. Jamás he gustado de chismes.

Don Diego. Ya lo sé, por eso quiero fiarme de ti. Yo, la verdad, nunca había visto a la tal doña Paquita; pero mediante la amistad con su madre, he tenido frecuentes noticias de ella; he leido muchas de las cartas que escribía. he visto algunas de su tía la monja, con quien ha vivido en Guadalajara. en suma, he tenido cuantos informes pudiera desear acerca de sus inclinaciones y su conducta. Ya he logrado verla, he procurado observarla en estos pocos días, y a decir verdad, cuantos elogios hicieron de ella me parecen escasos.

Simón. Sí por cierto. . . . Es muy linda y .

Don Diego Es muy linda, muy graciosa, muy humilde. . . . Y sobre todo, ¡aquel candor, aquella inocencia! Vamos, es de lo que no se encuentra por ahí. . . . Y talento . . . sí, señor, mucho talento. . . . Con que, para acabar de informarte, lo que yo he pensado es . . .

*simón || no ai ke ðeθíɹmelo ||

*don *dĭego || ¿noʔ | ¿poɹ keʔ

*simón | poɹ ke ja lo aðiυino | i me paɹeθ esθelente iðea ||

*don *dĭego || ¿ke ðiθesʔ ||

*simón || esθelente ||

*don *dĭego || ¿koŋ ke al instante as konoθiðoʔ . . . ||

*simón || ¡pŭez no es klaɹo ʔ . . || baja ! . . . || dígole a usteð ke me paɹeθe mŭi υŭena υoða || bŭena υŭena ||

*don *dĭego | si seɲoɹ . . . jo lo e miɹaðo υĭen | i lo teŋgo poɹ kosa mŭi aθeɹtaða ||

*simón || seguɹo ke si ||

*don *dĭego | peɹo kĭeɹo aυsolutamente ke no se sep(ɹ) asta k esté eʃo |

*simón || j en eso aθe usteð υĭen |

*don *dĭego | poɹke no toðoz υen las kosaz ðe una maneɹa | i no faltaɹía kĭem muɹmuɹase | i ðixese k eɹa una lokuɹa | i me . . ||

*simón || ¿lokuɹaʔ | ¡bŭena lokuɹa! . . || ¿kon una eʃika komo esa | eʔ ||

*don *dĭego || pŭez ja υes tu || eʎa es una poυɹe . . || eso si . | peɹo jo no e υuskaðo ðineɹo | ke ðineɹos teŋgo | e υuskaðo moðestĭa | rekoximĭento υiɹtuð ||

*simón || eso ez lo pɹinθipal . . . | i soυɹe toðo | lo ke usté tĭene | ¿paɹa kĭen a ðe seɹʔ ||

*don *dĭego || diθez υĭen. . . . || ¿i saυes tu lo k es una muxeɹ apɹoυeʃað(a) | aθendosa | ke sepa kŭiðaɹ ðe la kasa | ekonomiθaɹ | estaɹ en toðoʔ . . . || sĭempɹe liðĭando kon amas | ke si una ez mala | otɹa es peoɹ | regalonas entɹemetiðas | aυlaðoɹaz | ʎenaz ðe istéɹiko | υĭexas | feas komo ðemonĭos. . . . || no seɲoɹ || biða nŭeυa || tendɹé kĭem me asista kon amoɹ i fiðeliðað | i υiυiɹemos komo unos santos . . . || i ðexa ke aυlen i muɹmuɹen i . . . ||

Simón. No hay que decírmelo.

Don Diego. ¿No? ¿Por qué?

Simón. Por que ya lo adivino. Y me parece excelente idea.

Don Diego. ¿Qué dices?

Simón. Excelente.

Don Diego. ¿Con que al instante has conocido? . .

Simón. ¿Pues no es claro? . . . ¡Vaya! . Dígole a usted que me parece muy buena boda; buena, buena.

Don Diego. Sí, señor. . . . Yo lo he mirado bien, y lo tengo por cosa muy acertada.

Simón. Seguro que sí.

Don Diego. Pero quiero absolutamente que no se sepa hasta que esté hecho.

Simón. Y en eso hace usted bien.

Don Diego. Porque no todos ven las cosas de una manera, y no faltaría quien murmurase, y dijese que era una locura, y me . . .

Simón. ¿Locura? ¡Buena locura! . . . ¿Con una chica como esa, eh?

Don Diego. Pues ya ves tú. Ella es una pobre . . . Eso sí. . . . Pero yo no he buscado dinero, que dineros tengo; he buscado modestia, recogimiento, virtud.

Simón. Eso es lo principal. . . . Y sobre todo, lo que usted tiene, ¿para quién ha de ser?

Don Diego. Dices bien. . . . ¿Y sabes tú lo que es una mujer aprovechada, hacendosa, que sepa cuidar de la casa, economizar, estar en todo? . . . Siempre lidiando con amas, que si una es mala, otra es peor, regalonas, entremetidas, habladoras, llenas de histérico, viejas, feas como demonios. . . No, señor, vida nueva. Tendré quien me asista con amor y fidelidad, y viviremos como unos santos. . . . Y deja que hablen y murmuren y . . .

*simón || peɹo sĭendo a gusto ð entɹambos | ¿ke pŭeðen deθiɹ? |

*don *dĭego | no | jo ja se lo ke ðiɹán | peɹo . . . || diɹán ke la roða ez ðesigŭal | ke no ai pɹopoɹθĭon en la eðað | ke . . . ||

*simón | bamos | ke no me paɹeθe tan notarle la ðifeɹenθĭa | sĭete w oeʃo aɲos | a lo mas |

*don *dĭego | ¡ke ombɹe! | ¿ke aulaz ðe sĭete w oeʃo aɲos? | si eʎ a kumpliðo ðieθ i seis aɲos pokoz meses a ||

*simón | i rĭeŋ ¿ke?

*don *dĭego | i jo | auŋke gɹaθĭas a *ðĭos estoi rovusto i . . . kon toðo eso | mis θiŋkŭenta i nŭere aɲoz no ai kĭem me los kite |

*simón || peɹo si jo no arlo ð eso |

*don *dĭego | ¿pŭez ðe ke arlas? ||

*simón | deθia ke . . . || bamos | o usteð no akaɓa ð egsplikaɹse | o jo lo entĭendo al reɓés . . . || en suma esta ðoɲa *pakita | ¿koŋ kĭen se kasa? ||

*don *dĭego || ¡aoɹa estamos akí? || kommigo ||

*simón || ¿kon usteð? ||

*don *dĭego || kommigo ||

*simón || ¡meðɹaðos keðamos! ||

*don *dĭego || ¿ke ðiθes? . . . || bamos | ¿ke? . . ||

*simón || ¡i pensara jo aɓeɹ aðivinaðo! ||

*don *dĭego || ¿pŭes ke kɹeias? || ¿paɹa kĭeŋ xuθgaste ke la ðestinara jo? ||

*simón || paɹa *ðoŋ *kaɹlos | su soɓɹino ðe usteð | moθo ðe talento | instɹŭiðo | esθelente soldaðo | amaɓilísimo poɹ toðas sus θiɹkunstanθĭas . . . || paɹa eso xuθgé ke se gŭaɹðaɓa la tal niɲa ||

*don *dĭego || pŭez no seɲoɹ ||

*simón || pŭez ɓĭen está ||

*don *dĭego || ¡miɹe usteð ke iðea! || ¡kon el otɹo l aɓía ðe iɹ a kasaɹ! . . . || no seɲoɹ | k estuðĭe suz matemátikas ||

Simón. Pero siendo a gusto de entrambos, ¿qué pueden decir?

Don Diego. No, yo ya sé lo que dirán, pero . . Dirán que la boda es desigual, que no hay proporción en la edad, que . . .

Simón. Vamos que no me parece tan notable la diferencia. Siete u ocho años, a lo más

Don Diego. ¡Qué, hombre! ¿Qué hablas de siete u ocho años? Si ella ha cumplido diez y seis años pocos meses ha.

Simón. Y bien, ¿qué?

Don Diego. Y yo, aunque gracias a Dios estoy robusto y . . . con todo eso, mis cincuenta y nueve años no hay quien me los quite.

Simón. Pero si yo no hablo de eso.

Don Diego. ¿Pues de qué hablas?

Simón. Decía que . . Vamos, o usted no acaba de explicarse, o yo lo entiendo al revés. . . . En suma, esta doña Paquita, ¿con quién se casa?

Don Diego ¿Ahora estamos aquí? Conmigo.

Simón. ¿Con usted?

Don Diego. Conmigo.

Simón. ¡Medrados quedamos!

Don Diego. ¿Qué dices? . . . Vamos, ¿qué? . . .

Simón ¡Y pensaba yo haber adivinado!

Don Diego. ¿Pues qué creías? ¿Para quién juzgaste que la destinaba yo?

Simón. Para don Carlos, su sobrino de usted, mozo de talento, instruido, excelente soldado, amabilísimo por todas sus circunstancias. . . Para eso juzgué que se guardaba la tal niña.

Don Diego. Pues no, señor.

Simón. Pues bien está.

Don Diego. ¡Mire usted qué idea! ¡Con el otro la había de ir a casar! . . . No, señor, que estudie sus matemáticas.

*simón ‖ ja las estuðía | o poɹ mexoɹ ðeθiɹ | ja las enseɲa

*don *díego ke se aga ombɹe ðe baloɹ | i . . . ‖

*simón ¡baloɹ! ‖ ¿toðabía piðe usteð maz baloɹ a un ofiθial | ke en la última gera | kom mũi pokos ke se atɹebieɹon a segiɹle | tomó ðoz bateɹías | klabó los kaɲones | iθo algunos pɹisĭoneɹos | i bolbĭó al kampo ʎeno ð eɹiðas i kubieɹto ðe saŋgɹe? . . . ‖ pũez bien satisfeĉo keðó usteð entonθez ðel baloɹ ðe su sobɹino | i jo le bi a usteð maz ðe kũatɹo beθez ʎoɹaɹ ðe alegɹía | kũando el rei le pɹemió kon el gɹaðo ðe teniente koɹonel | j una kɹuθ ðe *alkántaɹa ‖

*don *díego si seɲoɹ | toðo ez beɹðað | peɹo no biene a kũento | jo soi el ke me kaso |

Manuel José Quintana

21. el gɹaŋ kapitán

este fũe (e)l ultimo ðía seɹeno ke amaneθió al *gɹaŋ *kapitán en su kaɹeɹa | el ɹesto fũe toðo ðesabɹimientoz | ðesaiɹez j amaɹguɹas | desembaɹkó em *balenθia | j abiendo ðeskansaðo algunoz ðíaz ðe la fatiga ðe la nabegaθión | se ðiɹixió a *buɹgoz | ðonde la koɹte se aʎaba ‖ su komitiba eɹa immensa ‖ segíale gɹan númeɹo ðe ofiθiales espaɲoles e italĭanoz ðistiŋgiðos | ke no keɹían sepaɹaɹse ð el | a esto se aɲaðía la muĉeðumbɹe ðe amigoz | ðeuðos i kuɹĭosos ke ðe toða *espaɲa koɹían a beɹle j aðmiɹaɹle ‖ ni las posaðaz ni los pũeblos eɹam bastantes (a) aloxaɹlos ‖ la pompa ðe su sékito eɹa tambĭen otɹo espektákulo paɹa los asombɹaðos espaɲoles ‖ los ofiθĭales i soldaðoz beteɹanos ke le akompaɲaban | se

Simón. Ya las estudia; o por mejor decir, ya las enseña.

Don Diego. Que se haga hombre de valor y . .

Simón. ¡Valor! ¿Todavía pide usted más valor a un oficial que en la última guerra, con muy pocos que se atrevieron a seguirle, tomó dos baterías, clavó los cañones, hizo algunos prisioneros, y volvió al campo lleno de heridas y cubierto de sangre? . . Pues bien satisfecho quedó usted entonces del valor de su sobrino; y yo le ví a usted más de cuatro veces llorar de alegría, cuando el rey le premió con el grado de teniente coronel y una cruz de Alcántara.

Don Diego. Sí, señor, todo es verdad; pero no viene a cuento. Yo soy el que me caso.

Manuel José Quintana (1772–1857)

21. Vidas de los Españoles Célebres: El Gran Capitán (1807)

Este fué el último día sereno[1] que amaneció al Gran Capitán en su carrera; el resto fué todo desabrimientos, desaires y amarguras. Desembarcó en Valencia, y habiendo descansado algunos días de la fatiga de la navegación, se dirigió a Burgos, donde la corte se hallaba. Su comitiva era inmensa: seguíale gran número de oficiales españoles e italianos distinguidos, que no querían separarse de él; a esto se añadía la muchedumbre de amigos, deudos y curiosos que de toda España corrían a verle y admirarle. Ni las posadas ni los pueblos eran bastantes a alojarlos. La pompa de su séquito era también otro espectáculo para los asombrados españoles; los oficiales y soldados veteranos que le

[1] 30 de diciembre de 1507.

ostentaɾan bestiðoz ðe púrpura i seða la maz rik(a) | aðornaðos kon laz mas eskisitas pi̯elez | briʎando el oro i las pi̯eðras | en las kaðenas i xojeles ke traían al kŭeʎo | i en las penatʃuðas θelaðas ke les kuʋrían las kaʋeθas el pŭeblo ðezlumbraðo kon akel magnífiko aparato | kompŭesto ðe toðoz loz ðespoxoz ðe la *italia i ðe la *franθía | le aplauðía i le apeʎiðaʋa *grande || pero loz mas pruðentes i rekataðos ke saʋían el umor triste i eŋkoxiðo ðe *fernando | konoθían kŭanto le aʋía ðe ofender akeʎa ostentaθi̯ón de poðerío || entre eʎos el konde ðe *ni̯eʋla ðixo kom mutʃa graθía ke akeʎa naʋe | taŋ kargaða i tam pomposa | neθesitaʋa ðe mutʃo fondo para kaminar | i ke presto eŋkaʎaría en algum baxío ||

ʎegó a *burgos | i toða la korte para onrarle | salió a reθiʋirle por mandato ðel *rei || los ofiθi̯ales i solðaðos | se presentaron delante | i *gonθalo los segía al kŭal *fernando | komo se iŋklinase a besarle la mano le ðixo kortezmente || ʋeo *gonθalo ke oi aʋréis keriðo ðar a loz ʋŭestroz la ʋentaxa ðe la preθeðenθía eŋ kambio ðe laz ʋeθes ke la tomasteis para ʋos en laz bataʎas || iθo pokoz ðíaz ðespŭés | su pleit omenaxe ðe oreðeθer a *fernando | komo rexente ðe *kastiʎ(a) | asta la maior eðá ðe *karlos su ni̯eto | i este fŭe (e)l último punto ðe su bŭen armonía kon el desairaðo en la korte | no aðmitiðo en los konsexoz | ðesesperaðo ðe konsegir el maestraθgo ke kon tanta solemniðað se le aʋía ofreθiðo | su ðizgusto traspiraʋa | i toðoz loz bŭenos españolez le akompañaʋan en el || entre eʎos | el ke mas parte tomaʋa en su pena | era el kondestaʋle ðe *kastiʎa | dom *bernarðino *ʋelasko | koŋ ki̯em | para estretʃar maz l amistað | kasó *gonθalo a su ixa *elʋira ||

acompañaban se ostentaban vestidos de púrpura y seda la más rica, adornados con las más exquisitas pieles, brillando el oro y las piedras en las cadenas y joyeles que traían al cuello y en las penachudas celadas que les cubrían las cabezas. El pueblo, deslumbrado con aquel magnífico aparato compuesto de todos los despojos de la Italia y de la Francia, le aplaudía y le apellidaba Grande; pero los más prudentes y recatados, que sabían el humor triste y encogido de Fernando, conocían cuánto le había de ofender aquella ostentación de poderío. Entre ellos el conde de Ureña dijo con mucha gracia "que aquella nave tan cargada y tan pomposa necesitaba de mucho fondo para caminar, y que presto encallaría en algún bajío."

Llegó a Burgos,[1] y toda la corte para honrarle salió a recibirle por mandato del Rey. Los oficiales y soldados se presentaron delante, y Gonzalo los seguía; al cual Fernando, como se inclinase a besarle la mano, le dijo cortesmente. "Veo, Gonzalo, que hoy habéis querido dar a los vuestros la ventaja de la precedencia, en cambio de las veces que la tomasteis para vos en las batallas." Hizo pocos días después su pleito homenaje de obedecer a Fernando como regente de Castilla hasta la mayor edad de Carlos su nieto, y éste fué el último punto de su buena armonía con él. Desairado en la corte, no admitido en los consejos, desesperado de conseguir el maestrazgo que con tanta solemnidad se le había ofrecido, su disgusto traspiraba, y todos los buenos españoles le acompañaban en él. Entre ellos, el que más parte tomaba en su pena era el condestable de Castilla don Bernardino Velasco, con quien para estrechar más la amistad casó Gonzalo a su hija Elvira. Llevóse

[1] 21 de mayo de 1508.

ʎevose mal est enlaθ en la koɹte | kon tanta maz raθón | kŭanto el *rei keɹía kasaɹ kon *elviɹa un nĭeto suio | ixo ðel aɹθovispo ðe *θaɹagoθa | paɹa ke así entɹasen en la familĭa real | laz rikeθas estaðo i gloɹĭa ðe *gonθalo || el *kondestavle avía siðo antes kasaðo kon una ixa natuɹal de *feɹnando | i poɹ esto un día la reina *xeɹmana le ðixo seveɹamente || ¿n oz ða veɹgŭenθa *kondestavle sĭendo komo sois tam pundonoɹoso | i tan diskɹeto | enlaθaɹos a una ðama paɹtikulaɹ | avĭendos antez ðesposaðo kon ixa ðe rei? || el *ɹei me a ðaðo un exemplo ðigno ðe segiɹse | respondĭó el | pŭes avĭendo estaðo antes kasaðo kon una gɹan reina | ðespués se a enlaθaðo a una paɹtikulaɹ ðigna ðe seɹlo tambĭen || paɹose indignaða *xeɹmana | kon akeʎa respŭesta impɹevista i atɹeviða | ke la rekoɹðava kĭen eɹa | i la kastigava su oɹguʎo || i keðó tan ofendiða | ke no volvĭó (a) aðmitiɹ ni el tɹaθo ni la kompaɲía ðe *gonθalo | ke antes | poɹ su ðigniðað i pɹe(e)minenθĭa | sĭempɹe la pɹestav akel ovsekĭo || el *kondestavle peɹðĭó toða la gɹaθĭa | i no volvĭó a seɹ aðmitiðo en la koɹte ||

Félix María de Samaniego

22. fávulas

I. la lecʃeɹa

ʎevava en la kaveθa
una *lecʃeɹa el kántaɹo al meɹkaðo |
kon akeʎa pɹesteθ(a) |
akel aiɹe senθiʎo | akel agɹaðo |
ke va ðiθĭendo a toðo el ke lo aðvĭeɹte ||
¡jo si k estoi kontenta kom mi sŭeɹte! ||

mal este enlace en la corte, con tanta más razón, cuanto el Rey quería casar con Elvira un nieto suyo, hijo del arzobispo de Zaragoza, para que así entrasen en la familia real las riquezas, estado y gloria de Gonzalo. El Condestable había sido antes casado con una hija natural de Fernando, y por esto un día la reina Germana le dijo severamente. "No os da verguenza, Condestable, siendo como sois tan pundonoroso y tan discreto, enlazaros a una dama particular, habiendoos antes desposado con hija de rey?" "El Rey me ha dado un ejemplo digno de seguirse, respondió él, pues habiendo estado antes casado con una gran reina, después se ha enlazado a una particular digna de serlo también." Paróse indignada Germana con aquella respuesta imprevista y atrevida, que la recordaba quién era y la castigaba su orgullo; y quedó tan ofendida que no volvió a admitir ni el brazo ni la compañía de Gonzalo, que antes, por su dignidad y preeminencia, siempre la prestaba aquel obsequio. El Condestable perdió toda la gracia, y no volvió a ser admitido en la corte.

Félix María de Samaniego (1774–1806)

22. Fábulas

I. La Lechera

Llevaba en la cabeza
Una Lechera el cántaro al mercado
Con aquella presteza,
Aquel aire sencillo, aquel agrado,
Que va diciendo a todo el que lo advierte:
¡Yo sí que estoy contenta con mi suerte!

poɹke no apeteθia
mas kompaɲía ke su pensamiento |
ke alegɹe la ofɹeθia
ɪnoθentes ɪðeaz ðe kontento ||
maɹeʃaɹa sola la feliθ *leʃeɹa
ɪ ðeθia entɹe si ð esta maneɹa ||
esta leʃe vendiða |
en limpio me ðaɹá tanto ðineɹo |
ɪ kon esta paɹtiða
un kanasto ðe weβos kompɹaɹ kieɹo |
paɹa sakaɹ θien poʎos | ke al estɹo
me roðeen | kantando el pío pío ||
del impoɹte logɹaðo
ðe tanto poʎo meɹkaɹé un koʃino ||
kon beʎota | salβaðo |
βeɹθa | kastaɲa | engoɹðaɹá sin tino ||
tanto ke pueðe seɹ ke jo konsiga
veɹ komo se le aɹastɹa la βariga ||
ʎeβaɹelo al meɹkaðo |
sakaɹé ð el sin duða βuen dineɹo |
kompɹaɹé ðe kontaðo
una roβusta βaka j un teɹneɹo |
ke salte ɪ koɹa toða la kampaɲ(a) |
asta el monte θeɹkano a la kaβaɲa |
kon este pensamiento
enaxenaða | βaɪŋka ðe maneɹa |
ke a su salto violento
el kantaɹo kajó || ¡poβɹe *leʃeɹa! |
¡ke kompasión! || aðióz leʃe | ðineɹo |
weβos | poʎoz | leʃón | baka ɪ teɹneɹo ||
¡o loka fantasía |
ke palaθios faβɹikas en el viento! ||
moðeɹa tu alegɹía ||
no sea ke saltando ðe kontento |
al kontemplaɹ ðiʃosa tu muðanθa |

Porque no apetecía
Más compañía que su pensamiento,
Que alegre la ofrecía
Inocentes ideas de contento;
Marchaba sola la feliz Lechera,
Y decía entre sí de esta manera.
"Esta leche vendida,
En limpio me dará tanto dinero,
Y con esta partida
Un canasto de huevos comprar quiero,
Para sacar cien pollos, que al estío
Me rodeen cantando el *pío, pío*
"Del importe logrado
De tanto pollo mercaré un cochino;
Con bellota, salvado,
Berza, castaña engordará sin tino,
Tanto, que puede ser que yo consiga
Ver cómo se le arrastra la barriga
"Llevarélo al mercado:
Sacaré de él sin duda buen dinero,
Compraré de contado
Una robusta vaca y un ternero,
Que salte y corra toda la campaña,
Hasta el monte cercano a la cabaña."
Con este pensamiento
Enajenada, brinca de manera,
Que a su salto violento
El cántaro cayó. ¡Pobre Lechera!
¡Qué compasión! Adiós leche, dinero,
Huevos, pollos, lechón, vaca y ternero
¡Oh loca fantasía,
Que palacios fabricas en el viento!
Modera tu alegría;
No sea que saltando de contento,
Al contemplar dichosa tu mudanza,

kĭeɹɹe su kantaɹiʎo la esperanθa ||
no seas ambiθĭosa
de mexoɹ o mas prospeɹa foɹtuna ||
ke viviɹás ansĭosa
siŋ ke pŭeða saθĭaɹte kos alguna ||
no anheles impaθĭent el vieŋ futuɹo ||
miɹa ke ni el present está seguɹo ||

II. la θora i la gaʎina

una θora | kaθando
de koɹal eŋ koɹal iba saltando ||
a favoɹ de la noc͡ʃ(e) en un aldea
oje al gaʎo kantaɹ || maldito sea |
agac͡ʃaða i sin rŭiðo
a meɹθé del olfato i del oíðo |
maɹc͡ʃa | ʎega | i olĭendo a un aguxeɹo
est ez | diθe | i se kŭel al gaʎineɹo ||
las ares se alvoɹotam | menos una
k estaba en θesta | komo nijo eŋ kuna |
eŋfeɹma gravemente ||
miɹándola | la θor astutamente
la pregunta || ¿k es eso | poɹreθita? ||
¿kŭal es tu eŋfeɹmeðað? || ¿tĭenes pepita? |
abla || ¿komo lo pasaz | dezdic͡ʃaða? ||
la eŋfeɹma la responde apresuɹaða ||
mŭi mal me va | seɲoɹa | en este instante ||
mŭi vĭen si usteð se kita de delante ||
kŭantaz veθes se vende un enemigo
komo gato poɹ lĭebɹe | poɹ amigo ||
al oiɹ su fiŋxiðo kumplimĭento |
respondĭéɹale jo paɹa eskaɹmĭento ||
mŭi mal me va | seɲoɹ | en este instante ||
mŭi vĭen si usteð se kita de delante ||

Quiebre su cantarillo la esperanza.
  No seas ambiciosa
De mejor o más próspera fortuna,
Que vivirás ansiosa
Sin que pueda saciarte cosa alguna.
  No anheles impaciente el bien futuro;
Mira que ni el presente está seguro

II. La Zorra y la Gallina

  Una Zorra, cazando,
De corral en corral iba saltando;
A favor de la noche, en una aldea
Oye al gallo cantar: maldito sea.
Agachada y sin ruido,
A merced del olfato y del oido,
Marcha, llega, y oliendo a un agujero,
"Este es," dice, y se cuela al gallinero
Las aves se alborotan, menos una,
Que estaba en cesta como niño en cuna,
Enferma gravemente.
Mirándola la Zorra astutamente
La pregunta. "¿Qué es eso, pobrecita?
¿Cual es tu enfermedad? ¿Tienes pepita?
Habla; ¿como lo pasas, desdichada?"
La enferma la responde apresurada:
"Muy mal me va, señora, en este instante;
Muy bien si usted se quita de delante."
  Cuantas veces se vende un enemigo,
Como gato por liebre, por amigo,
Al oir su fingido cumplimiento
Respondiérale yo para escarmiento:
"Muy mal me va, señor, en este instante;
Muy bien si usted se quita de delante."

Mariano José de Larra ("Fígaro")

23. la fonda nŭeβa

pɹeθiso ęs koŋfesaɹ | ke no ęz nŭestɹa patɹĭa el país ðonde βiβen los ombɹes paɹa komeɹ || gɹaθĭas poɹ el kontɹaɹĭo si se kome paɹa βiβiɹ | beɹðað es ke no ęs est el úniko punto ęŋ ke manifestamoz lo mal ke nos keɹemos | no ai̯ xéneɹo ðe ðiβeɹsĭóŋ ke no nos falte | no ai̯ espeθie ðe komoðiðá ðe ke no kaɹeθ-kamos || ¿ke país es este? | me ðeθía no aθę um mes un estɹaŋxeɹo ke βino a estuðĭaɹ nŭestɹas kos-tumbɹes || ez ðę aðβeɹtiɹ | en oβsekĭo ðe la βeɹðað | k eɹa fɹanθés el estɹaŋxeɹo | i k el fɹanθés es el ombɹe ðel mundo | ke menos konθiβe el monótono i sepulkɹal silenθĭo ðe nŭestɹa egsistenθĭa espaɲola || gɹandes kaɹeɹaz ðe kaβaʎos aβɹá (a)ki | me ðeθía | ðezðe el amaneθeɹ || no faltaɹemos || peɹðone usteð le respondía jo || akí no ai̯ kaɹeɹas | ¿no gustan ðe koreɹ los xóβenez ðe las pɹimeɹas kasas? || ¿no koren akí sikĭeɹa los kaβaʎos? || ni sikĭeɹa los kaβaʎos | iɹemos a kaθa || akí no se kaθa || no ai̯ ðonde | ni ke || iɹemos al paseo ðe koeʧes || no ai̯ koeʧes || bĭen | a una kasa ðe kampo a pasaɹ el día || no ai̯ kasaz ðe kampo | no se pasa el día || peɹo aβɹá xŭegoz ðe mil sŭeɹtez ðifeɹentes | komo en toða *euɹopa || aβɹá xaɹðines púβlikoz ðonde se βaile || aβɹá (a)lgúŋ xŭego paɹa el púβliko || no ai̯ naða paɹa el púβliko || el púβliko no xŭega || ez ðe βeɹ la kaɹa ðe los estɹaŋxeɹos | kŭando se loz ðiθe fɹaŋkamente k el púβliko espaɲol | o no sĭente la neθesiðað inteɹioɹ ðe ðiβeɹtiɹse | o se ðiβieɹte komo los saβĭos | k en eso toðoz lo paɹeθen | kon sus pɹopĭos pensamĭentos || kɹeía mi estɹaŋxeɹo ke jo keɹí(a) aβusaɹ ðe su kɹeðuliðað | i kon rostɹo entɹe

MARIANO JOSE DE LARRA ("FÍGARO") (1807–1837)

23. La Fonda Nueva

Preciso es confesar que no es nuestra patria el país donde viven los hombres para comer: gracias por el contrario si se come para vivir: verdad es que no es éste el único punto en que manifestamos lo mal que nos queremos: no hay genero de diversión que no nos falte: no hay especie de comodidad de que no carezcamos. "¿Qué país es éste?" me decía no hace un mes un extranjero que vino a estudiar nuestras costumbres. Es de advertir, en obsequio de la verdad, que era francés el extranjero, y que el francés es el hombre del mundo que menos concibe el monótono y sepulcral silencio de nuestra existencia española. — Grandes carreras de caballos habrá aquí, me decía, desde el amanecer· no faltaremos. — Perdone usted, le respondía yo; aquí no hay carreras. — ¿No gustan de correr los jóvenes de las primeras casas? ¿No corren aquí siquiera los caballos? . — Ni siquiera los caballos. — Iremos a caza. — Aquí no se caza; no hay dónde, ni qué. — Iremos al paseo de coches. — No hay coches. — Bien: a una casa de campo a pasar el día. — No hay casas de campo, no se pasa el día — Pero habrá juegos de mil suertes diferentes, como en toda Europa . . . habrá jardines públicos donde se baile, habrá algún juego para el público. — No hay nada para el público: el público no juega. — Es de ver la cara de los extranjeros cuando se los dice francamente que el público español, o no siente la necesidad interior de divertirse, o se divierte como los sabios (que en eso todos lo parecen) con sus propios pensamientos: creía mi extranjero que yo quería abusar de su credulidad, y con rostro ðeskoŋfiaðo i resignaðo | paθĭenθía | me ðeθía poɹ fin || nos kontentaɹemos kon ɹa a loz vailes ke ðen las kasaz ðel vŭen tono | i las sŭaɹés || paso | seɲoɹ mío | le interumpí jo || ¿koŋ k ez vŭeno ke le ðixe ke no aría gaʎinas | i se me vĭene piðĭendo? || em *maðɹið no ai vailez | no ai sŭaɹés || kaða uno avla o reθa | o aθe lo ke kĭeɹ en su kasa | koŋ kŭaɹto amigoz mŭi ðe koŋfianθa | i vasta ||

José María de Heredia

24. en el aniveɹsaɹĭo ðel kŭatɹo ðe xulĭo ðe milseteθĭentos setenta i seis

saɡɹaða liveɹtað | numen de viða |
ke tu θetɹo ðivino
poɹ *atenas i *roma esklaɹeθiða
otɹo tĭempo tendiaz |
i a sus pŭevlos feliθes animavas |
i viða | fŭeɹθa | i esplendoɹ sembɹavaz |
ðonde tu planta féɹviða poníaz |
¿vaiʎaɹ i peɹeθeɹ fŭe tu ðestino? ||
en *euɹopa iŋfeliθ | te vusko em bano |
i ðe tu altaɹ em beθ ðo kĭeɹ me aflix(e)
el simulakɹo vil de algún tiɹano ||

en *améɹika está || salvó las ondaz
ðel teɹivle oθeano |
i ujó pɹoskɹipta ðel antigŭo mundo ||
un siglo i otɹo mas | pláθiðamente
akí moɹó || maz la opɹesĭón tiɹana
osó vĭolaɹ su asilo || eŋfuɹeθiða
se alθó la liveɹtað | i mil gereɹoz
ðeznuðan las espaðas |
i konstanθĭ(a) al poðeɹ | mŭeɹte a la mŭeɹte |

entre desconfiado y resignado, "paciencia, me decía por fin: nos contentaremos con ir a los bailes que den las casas del buen tono y las suarés . . ."— Paso, señor mío, le interrumpí yo: ¿con qué es bueno que le dije que no había gallinas y se me viene pidiendo . . .? En Madrid no hay bailes, no hay suarés. Cada uno habla o reza, o hace lo que quiere en su casa con cuatro amigos muy de confianza, y basta.

24. José María de Heredia (1803–1839)

24. En el Aniversario del 4 de julio de 1776

Sagrada libertad, numen de vida,
Que tu cetro divino
Por Atenas y Roma esclarecida
Otro tiempo tendías,
Y a sus pueblos felices animabas
Y vida, fuerza y esplendor sembrabas
Donde tu planta férvida ponías,
¿Brillar y perecer fué tu destino?
En Europa infeliz, te busco en vano,
Y de tu altar en vez do quier me aflige
El simulacro vil de algún tirano.

En América está; salvó las ondas
Del terrible Oceano,
Y huyó proscripta del antiguo mundo
Un siglo y otro más, plácidamente
Aquí moró: mas la opresión tirana
Osó violar su asilo. Enfurecida
Se alzó la libertad, y mil guerreros
Desnudan las espadas,
Y constancia al poder, muerte a la muerte,

kontɹastam poɹ ðo kĭeɹ || la ðiosa fŭeɹte
ðe̯ a̯θeɹo̯ i̯ maxestað la fɹente̯ a̯ɹmað(a) |
a la̯ o̯presĭón soʋeɹʋia ðesafía̯ |
i̯ ðe natuɹa las eteɹnaz lejes |
em memoɹaʋle ðí(a) |
a los pŭeʋlos anunθía j a loz rejes ||

¡el ombɹe ez liʋɹe! | ðiθe̯ | i̯ ðel aplau̯so
suʋe̯ al θĭelo̯ e̯l klamoɹ | ombɹes | igŭales
os iθo *ðĭos | kĭem ʋaxaɹ os opɹime̯
o̯fende̯ a̯ la raθón | insult al θĭelo ||
es xusto̯ e̯l resistiɹ | santo̯ i̯ suʋlime ||
lueʃað éɹoes | renθeð | j em bŭestɹo sŭelo
ðe paθ i ðe xustiθĭa |
ðe liʋeɹtað i luθ | ðe ðiʃa̯ i̯ gloɹĭa |
la semiʎa feliθ em bŭestɹa saŋgɹe
ɹoʋusta ɹʋotaɹá | pŭeʋloz ðel mundo̯ |
ixoz ðe̯ u̯m paðɹe soi̯z | ʋiʋið eɹmanoz |
j el reŋgaðoɹ aθeɹo
reseɹʋað solamente̯ a̯ los tiɹanos. ||

¡día ðe rendiθĭón! | θiŋkŭenta ʋeθes
en la reʋoluθĭón de su kaɹeɹa |
te tɹaxo̯ e̯l sol a̯ i̯luminaɹ al mundo ||
¡o! | komo̯ a̯ tu kaloɹ | ðulθe | fekundo̯ |
e̯m biða j em plaθeɹ | jeɹʋe la tĭera! ||
de̯ u̯m maɹ al otɹo maɹ no̯ a̯i̯ ja tiɹanos ||
poɹ θĭuðaðez | montaɲas | i ðesĭeɹtoz |
ʎeɹa̯ el ombɹe la pláθiða konθĭenθía
ðe su seguɹiðað | su̯ a̯ltiʋa ment(e)
eŋ kontemplaɹ su ðigniðað se goθa |
j al θielo sin ruʋoɹ alθa la fɹente ||
*améɹika feliθ | fŭeɹte j eɹmosa |
θeɲiða̯ e̯n toɹno ðe sus ixos fĭelez |
j a teriʋle ðefensa pɹepaɹaða |

Contrastan por do quier. La diosa fuerte,
De acero y majestad la frente armada,
A la opresión soberbia desafía,
Y de natura las eternas leyes,
En memorable día,
A los pueblos anuncia y a los reyes.

"¡El hombre es libre!" dice, y del aplauso
Sube al cielo el clamor. "Hombres, iguales
Os hizo Dios. Quien bárbaro os oprime
Ofende a la razón, insulta al cielo.
Es justo el resistir, santo y sublime.
Luchad, héroes, venced, y en vuestro suelo
De paz y de justicia,
De libertad y luz, de dicha y gloria,
La semilla feliz en vuestra sangre
Robusta brotará. Pueblos del mundo,
Hijos de un padre sois, vivid hermanos,
Y el vengador acero
Reservad solamente a los tiranos."

¡Día de bendición! Cincuenta veces
En la revolución de su carrera
Te trajo el sol a iluminar al mundo.
¡Oh! ¡cómo a tu calor dulce, fecundo,
En vida y en placer hierve la tierra!
De un mar al otro mar no hay ya tiranos.
Por ciudades, montañas y desiertos
Lleva el hombre la plácida conciencia
De su seguridad ; su altiva mente
En contemplar su dignidad se goza,
Y al cielo sin rubor alza la frente.
América feliz, fuerte y hermosa,
Ceñida en torno de sus hijos fieles,
Y a terrible defensa preparada,

se̯ o̯stenta maxestŭosa | koɹonaða
kom beɹðe̯ o̯liva | e̯stɹeʎas i lau̯ɹeles ||

¡día ðe ɹeðenθĭón! || la voθ sublime
k eskuʃaste tɹonaɹ ðe toðo̯ u̯m mundo
resŭena e̯n la e̯stensĭón || i poɹ ðo kieɹa
rompen los pŭevloz la kaðena fĭeɹa |
ke̯ a̯ sus kŭeʎos kaɹgó la tiɹanía ||
de maɹ a maɹ | ðel noɹte̯ a̯l meðĭoðía |
ðe liveɹtað el aɹvol se̯ a̯ plantaðo ||
*améɹika felθ vaxo̯ el aðoɹa
ðe la santa̯ igŭalðað el dulθe̯ i̯mpeɹĭo̯ |
i̯ loz vientoz ðe̯ oɹĭente̯ a̯l emisfeɹĭo
ʎevaɹán su semiʎa viene̯ʃoɹa ||

José de Espronceda

25. a̯ una̯ e̯stɹeʎa

¿kíen eɹes tu | luθeɹo misteɹĭoso
tímiðo̯ i̯ tɹist entɹe luθeɹoz mil |
ke kŭando miɹo tu̯ e̯splendoɹ ðuðoso
tuɹvaðo siento̯ e̯l koɹaθón latiɹ? ||
¿es akaso tu luθ rekŭeɹðo tɹiste
ðe̯ otɹo̯ a̯ntigŭo peɹðiðo ɹesplandoɹ |
kŭando̯ e̯ŋgaɲaðo komo jo kɹeíst(e)
eteɹna tu ventuɹa ke pasó? ||
tal veθ kon sŭeɲoz ðe̯ oɹo la̯ e̯speɹanθ(a) |
akaɹiθĭó tu puɹa xuventuð |
i gloɹĭa̯ i̯ paθ j amoɹ i̯ ventuɹanθa
veɹtĭó e̯n el mundo tu pɹimeɹa luθ ||
j al pɹimeɹ tɹĭunfo ðel amoɹ pɹimeɹo
k embalsamó e̯n aɹomas el *eðén |
luθiste̯ a̯kaso | máxiko luθeɹo |
pɹotektoɹ ðel misteɹĭo̯ i̯ ðel plaθeɹ ||

Se ostenta majestuosa coronada
Con verde oliva, estrellas y laureles

¡Día de redención! La voz sublime
Que escuchaste tronar de todo un mundo
Resuena en la extensión, y por do quiera
Rompen los pueblos la cadena fiera
Que a sus cuellos cargó la tiranía
De mar a mar, del norte al mediodía,
De libertad el arbol se ha plantado.
América feliz bajo el adora
De la santa igualdad el dulce imperio,
Y los vientos de oriente al hemisferio
Llevarán su semilla bienhechora.

JOSE DE ESPRONCEDA (1810–1842)

25. A una Estrella

¿Quién eres tú, lucero misterioso
Tímido y triste entre luceros mil,
Que cuando miro tu esplendor dudoso
Turbado siento el corazon latir?
¿Es acaso tu luz recuerdo triste
De otro antiguo perdido resplandor,
Cuando engañado como yo creíste
Eterna tu ventura que pasó?
Tal vez con sueños de oro la esperanza
Acarició tu pura juventud,
Y gloria y paz y amor y venturanza
Vertió en el mundo tu primera luz.
Y al primer triunfo del amor primero
Que embalsamó en aromas el Edén,
Luciste acaso, mágico lucero,
Protector del misterio y del placer.

j eɹa tu luθ | voluptŭosa̯ i̯ tĭeɹna |
la k entɹe floɹez ɾezualando̯ aʎí |
inspiɹara̯ en el alma̯ un ansĭa̯ eteɹna |
ðe̯ amoɹ peɹpetŭo̯ i̯ ðe plaθeɾ sinj fin ||
mas ¡ai̯! || ke lŭego̯ el vĭen i l alegɾía̯
en ʎanto̯ i̯ ðezventuɹa se tɾokó ||
tu̯ esplendoɾ empaɲó nĭebla sombɾía ||
solo̯ un rekŭeɾðo̯ al koraθóŋ keðó ||
j aoɾa melaŋkóliko me miɾas |
i tu rajo̯ es un daɾðo ðel pesaɾ ||
si̯ el amoɾ aun al koɾaθón inspiɾas
es un amoɹ sin espeɹanθa ja ||

Antonio de Trueba

26. *kasilda

kantavan los páxaɹos | eɹ aθul el θĭelo̯ | eɹa̯ el sol doɾaðo | se̯ aɹɾian las floɹez | j el aɣɹa ðe la maɲana ʎevan al palaθĭo ðel rei̯ moɾo̯ | el peɹfume ðe los xaɹðines ||

*kasilda̯ estava mŭi tɾiste̯ | i̯ se̯ asomó a̯ la ventana | paɾa ðistɾaeɹ suz melaŋkolías ||

los xaɹðinez le paɹeθĭeɹon entonθes tam beʎos | ke no puðo resistiɹ a su̯ eŋkanto̯ | i̯ vaxó a̯ paseaɹ su tɾisteθa poɹ sus oloɹosas enramaðas ||

kŭentaŋ k el áŋxel de la kompasĭón enj foɹma ð eɹmosísima maɹiposa | le salĭó al paso | j eŋkantó su koɾaθón i sus oxos ||

la maɹiposa volava | volava | volava | ðe floɹ eŋ floɹ | i *kasilda̯ iva̯ em poz ð eʎa | siŋ konsegiɹ alkanθaɹla ||

maɹiposa̯ i̯ niɲa | tɾopeθaɹoŋ kon unoz reθĭoz muɾoz | la maɹiposa penetɾó poɹ eʎoz | ðexando̯ aʎí (i)mmóvil j enamoɾað a la niɲa ||

Y era tu luz voluptuosa y tierna
La que entre flores resbalando allí
Inspiraba en el alma un ansia eterna
De amor perpetuo y de placer sin fin
Mas ¡ay! que luego el bien y la alegría
En llanto y desventura se trocó:
Tu esplendor empañó niebla sombría:
Sólo un recuerdo al corazón quedó
Y ahora melancólico me miras
Y tu rayo es un dardo del pesar:
Si el amor aun al corazón inspiras
Es un amor sin esperanza ya.

Antonio de Trueba (1821–1889)

26. Casilda

Cantaban los pájaros, era azul el cielo, era el sol dorado, se abrían las flores, y el aura de la mañana llevaba al palacio del rey moro el perfume de los jardines.

Casilda estaba muy triste, y se asomó a la ventana para distraer sus melancolías.

Los jardines le parecieron entonces tan bellos, que no pudo resistir a su encanto y bajó a pasear su tristeza por sus olorosas enramadas.

Cuentan, que el ángel de la compasión, en forma de hermosísima mariposa, le salió al paso y encantó su corazón y sus ojos.

La mariposa volaba, volaba, volaba de flor en flor, y Casilda iba en pos de ella sin conseguir alcanzarla.

Mariposa y niña tropezaron con unos recios muros, la mariposa penetró por ellos, dejando allí inmóvil y enamorada a la niña.

tɹas akeʎoz reθíoz muɹos ojó *kasilda tɹistísimoz lamentoz | j entonθez rekoɹðó kḙ a̯ʎí xemían | ambɹĭentos ɪ kaɹgaðoz ðe kaðenaz los poɾɹez naθaɹenos poɹ kĭenes eŋ *kastiʎa | ʎoɹaɾam paðɹes | eɹmanos | esposas | amaðas ||

i la kaɹıðað i la kompasĭoŋ foɹtaleθíeɹon su̯ alma̯ | e̯ i̯luminaɹon su̯ e̯ntendimĭento ||

*kasilda tomo a̯l palaθĭo̯ | i̯ tomando ɾĭandaz j oɹo tomose aθía laz maθmoras | sigĭendo̯ a̯ la maɹiposa ke ɾolɾío a̯ pɹesentaɹse̯ a̯ su paso ||

el oɹo̯ eɹa paɹa seðuθiɹ a los kaɹθeleɹos | i laz ɾĭandas eɹam paɹ alimentaɹ a los kau̯tiɾos ||

oɹo i̯ ɾiandaz rekataɾa kon la falda ðe su ɾestıðo kŭando al ɾolɾeɹ una kaʎe ðe rosales | tɹopeθó kon su paðɹe | ke tambĭén aɾía saliðo a̯ ðistɹaeɹ aʎí suz melaŋkolias

¿ke aθes akı tan tempɹano | luθ ðe mıs oxos ? ||

la pɹinθesa se puso koloɹaða | komo laz rosas ke meθıa (a) su laðo̯ e̯l au̯ɹa ðe la majiana | j al fiŋ kontestó a̯ su paðɹe |

e ɾeniðo̯ a̯ kontemplaɹ estas floɹes | a̯ o̯iɹ tɹinaɹ estos páxaɹos | a ɾeɹ el sol ɹeflexaɹs en estas fŭentez j a ɹespiɹaɹ este̯ a̯mbĭente peɹfumaðo ||

¿ke ʎeɾas embŭelto̯ e̯n la falda ðe tu ɾestıðo? ||

*kasilda ʎamó ðezð el fondo ðe su koɹaθón a la maðɹe̯ i̯mmoɹtal de loz naθaɹenos | ı respondĭó e̯ntonθes a su paðɹe ||

paðɹe̯ i̯ sejioɹ | ʎeɾo ɹosas k e koxiðo̯ e̯n estoz rosales ||

j *almenón | duðando ðe la sinθeɹiðá ðe su̯ ixa | tıɹó ðe la falda ðel ɾestıðo ðe la nıjia j una ʎuɾia ðe rosas se ðeramó poɹ el sŭelo ||

Tras aquellos recios muros oyó Casilda tristísimos lamentos, y entonces recordó que allí gemían, hambrientos y cargados de cadenas, los pobres nazarenos, por quienes en Castilla lloraban padres, hermanos, esposas, amadas.

Y la caridad y la compasión fortalecieron su alma e iluminaron su entendimiento

Casilda tornó al palacio, y tomando viandas y oro, tornóse hacia las mazmorras, siguiendo a la mariposa, que volvió a presentarse a su paso.

El oro era para seducir a los carceleros, y las viandas eran para alimentar a los cautivos.

Oro y viandas recataba con la falda de su vestido, cuando, al volver una calle de rosales, tropezó con su padre, que también había salido a distraer allí sus melancolías.

—¿Qué haces aquí tan temprano, luz de mis ojos?

La princesa se puso colorada, como las rosas que mecía a su lado el aura de la mañana, y al fin contestó a su padre·

—He venido a contemplar estas flores, a oir trinar estos pájaros, a ver el sol reflejarse en estas fuentes y a respirar este ambiente perfumado.

—¿Qué llevas envuelto en la falda de tu vestido?

Casilda llamó desde el fondo de su corazón a la madre inmortal de los nazarenos, y respondió entonces a su padre:

—Padre y señor, llevo rosas que he cogido en estos rosales.

Y Almenón, dudando de la sinceridad de su hija, tiró de la falda del vestido de la niña, y una lluvia de rosas se derramó por el suelo.

Ramón de Campoamor

27. doloɹas

(i) banɪðá(ð) ðe la̯ e̯ɹmosuɹa

a̯ *o̯ktaría

ni̯ a̯moɹ kanto ni̯ e̯ɹmosuɹa
poɹk esta̯ e̯s um bano̯ a̯lijɪo
j aðemás
akel una sombɹa̯ o̯skuɹa ||
¿no̯ ez mas ke sombɹa̯ e̯l kaɹijɪo? ||
naða mas ||

esas floɹes koŋ ke̯ u̯fana
tu fɹente se ðɪɾɪmθa
ja ɾeɹás
kŭal son θeniθa majɪana ||
¿naða mas soŋ ke θeniθa? ||
naða mas ||

j en tu kontento no̯ e̯skaso |
¿ke ðiɾás k es uŋ kontento |
ke ðɪɹás? ||
¿naða mas ke ɾĭento̯ a̯kaso? ||
¡naða maz ujɪa | ke ɾĭento |
naða mas! ||

en la̯ e̯ðá ðe las pasĭones |
a ɾŭeltaz ðe mil enoxos |
aʎaɹás
ai̯ɹe | sombɹas | e̯ i̯lusĭones ||
¡naða maz luθ ðe mis oxoz |
naða mas! ||

RAMÓN DE CAMPOAMOR (1817–1901)

27. Doloras

(i) Vanidad de la Hermosura

A Octavia

Ni amor canto, ni hermosura,
Porque ésta es un vano aliño,
    Y además
Aquél una sombra obscura.
—¿No es más que sombra el cariño?
    —*Nada más.*

Esas flores con que ufana
Tu frente se diviniza,
    Ya verás
Cual son ceniza mañana.
¿Nada mas son que ceniza?
    —*Nada más.*

Y en tu contento no escaso,
¿Qué dirás que es un contento,
    ¿Qué dirás?
—¿Nada más que viento acaso?
—¡Nada más, niña, que viento,
    Nada más!

En la edad de las pasiones,
A vueltas de mil enojos,
    Hallarás
Aire, sombras e ilusiones:
¡Nada mas, luz de mis ojos,
    Nada mas! . . .

(ii) la ʋeɹðað i laz mentiɹas

kŭando | poɹ toðo konsŭelo̯ |
u̯n saθeɹðote̯ a̯l naθeɹ |
noz ðiθ en nombɹe ðel θĭelo |
polʋo̯ es | i polʋo̯ a̯ ðe seɹ |

ðiθen | eŋ koɹo̯ a̯ɹmonĭoso̯ |
el pecʃo ðe goθo ʎeno |
la noðɹiθa | ¡seɹa e̯ɹmoso! ||
i la maðɹe | ¡seɹa βŭeno! ||

i lŭego | a̯ʎá e̯n lontananθa |
gɹitan en akoɹðe son |
¡seɹa feliθ | la̯ e̯speɹanθa ||
i ¡seɹá rei̯! | l ambiθĭón ||

i jendo̯ e̯l tĭempo̯ i̯ βinĭendo̯ |
a̯ki | lo mizmo ke̯ a̯ʎá |
la relixĭom ba ðiθĭendo |
¡polʋo̯ e̯s | i polʋo seɹá! ||

kom bamiðað i koðiθĭa |
ðiθen | sin reiɹ xamás |
¡seɹá u̯ŋ *kɹeso! | l aβaɹiθĭa |
i̯ el oɹguʎo | ¡seɹá mas! ||

i̯ esklamaŋ koŋ fĭeɹo̯ a̯θento
ðe toðo saʋeɹ em pos |
¡seɹá *o̯meɹo̯! | e̯l sentimĭento̯ |
i̯ la raθón | ¡seɹa *ðĭos! ||

i̯ en tanto la ɹelixĭón |
al moɹiɹ | komo̯ a̯l naθeɹ |
repite | no̯ a̯i̯ remisĭón ||
¡polʋo̯ e̯s | i polʋo̯ a̯ ðe seɹ! ||

(ii) La Verdad y las Mentiras

Cuando por todo consuelo,
Un sacerdote, al nacer,
Nos dice en nombre del cielo :
— Polvo es, y polvo ha de ser, —

Dicen, en coro armonioso,
El pecho de gozo lleno,
La nodriza : — ¡Será hermoso! —
Y la madre : — ¡Será bueno! —

Y luego, allá en lontananza,
Gritan en acorde són
— ¡Será feliz! — la esperanza ;
Y — ¡será Rey! — la ambición

Y yendo el tiempo y viniendo,
— Aquí, lo mismo que allá,
La religión va diciendo
— ¡Polvo es, y polvo será! —

Con vanidad y codicia,
Dicen, sin reír jamás :
— ¡Será un Creso! — la avaricia ;
Y el orgullo : — ¡Será más! —

Y exclaman con fiero acento
De todo saber en pos :
— ¡Será Homero! — el sentimiento :
Y la razón : — ¡Será Dios! —

Y en tanto la religión,
Al morir, como al nacer,
Repite : — No hay remisión ;
¡Polvo es, y polvo ha de ser!

GUSTAVO ADOLFO BECQUER

28. los oxoz ʋeɹðes

eɹiðo ʋa el θieɹʋo ‖ eɹiðo ʋa | no aj ðuða se ʋe el ɹastɹo ðe la saŋgɹe entɹe las θaɹθaz ðel monte j al saltaɹ uno ð esoz lentiskos aŋ flakeaðo sus pĭeɹnas ‖ nŭestɹo xoʋen señoɹ komĭenθa poɹ ðonde otɹos akaʋan ‖ eŋ kŭaɹent añoz ðe monteɹo no e ʋisto mexoɹ golpe ‖ peɹo | ¡poɹ *san *satuɹnĭo, patɹón de *soɹĭa! | koɹtaðl el paso poɹ esas kaɹaskas ‖ aθuθað los peɹos | soplað en esas tɹompas asta eʧaɹ los íγaðoz | j undiðle a los koɹθeles una kŭaɹta ðe jero en los ixaɹes ‖ ¿no ʋeis ke se ðiɹixe aθía la fŭente ðe los *álamos | i si la salʋ antez ðe moɹiɹ | poðemoz ðaɹle poɹ peɹðiðo?

las kŭeŋkaz ðel *moŋkajo repitieɹon el eko en eko el ʋɹamiðo ðe las tɹompas | el latiɹ ðe la xauría ðeseŋkaðenaða | i laz ʋoθez ðe los paxez resonaɹoŋ kon nŭeʋa fuɹĭa | j el koŋfuso tɹopel de ombɹes kaʋaʎos i peros se ðiɹixĭó al punto ke *iñigo el monteɹo majoɹ ðe loz maɹkesez ðe *almenaɹ señalaɹa komo el mas a pɹopósito paɹa koɹtaɹl el paso a la ɹes

peɹo toðo fŭe inútil | kŭando el mas áxil de loz leʋɹelez ʎegó a las kaɹaskas | xaðeante i kuʋĭeɹtaz las fauθez ð espuma | ja el θĭeɹʋo | rápiðo komo una saeta | las aʋía salʋaðo ðe un solo ʋɹiŋko peɹðĭendos entɹe loz matoɹalez | ðe una tɹoʧa ke konduθia (a) la fŭente |

VICENTE BLASCO IBAÑEZ

29. La kateðɹal

*luna ʋaxó los peldañoz ðe la poɹtaða | j entɹó en la kateðɹal ‖ apenas uʋo pisaðo laz ʋaldosaz ðel

GUSTAVO ADOLFO BÉCQUER (1836–1870)

28. Los Ojos Verdes

—Herido va el ciervo . . . herido va; no hay duda. Se ve el rastro de la sangre entre las zarzas del monte, y al saltar uno de esos lentiscos han flaqueado sus piernas . . . Nuestro joven señor comienza por donde otros acaban . . . en cuarenta años de montero no he visto mejor golpe. . . Pero ¡por San Saturio, patrón de Soria! cortadle el paso por esas carrascas, azuzad los perros, soplad en esas trompas hasta echar los hígados, y hundidle a los corceles una cuarta de hierro en los ijares. ¿no veis que se dirige hacia la fuente de los Alamos, y si la salva antes de morir podemos darle por perdido?

Las cuencas del Moncayo repitieron de eco en eco el bramido de las trompas, el latir de la jauría desencadenada, y las voces de los pajes resonaron con nueva furia, y el confuso tropel de hombres, caballos y perros se dirigió al punto que Iñigo, el montero mayor de los Marqueses de Almenar, señalara como el más a propósito para cortarle el paso a la res.

Pero todo fué inútil. Cuando el más ágil de los lebreles llegó a las carrascas jadeante y cubiertas las fauces de espuma, ya el ciervo, rápido como una saeta, las había salvado de un solo brinco, perdiéndose entre los matorrales de una trocha que conducía a la fuente.

VICENTE BLASCO IBAÑEZ (1867–)

29. La Catedral (1903)

Luna bajó los peldaños de la portada y entró en la catedral. Apenas hubo pisado las baldosas del paʋimento | sintĭó en el rostɹo la kaɹiθía fɹía | j un tanto pegaxosa ðe akel ambĭente ðe roðega suteránea || en el templo toðaʋía eɹa ðe noc͡ʃe || arɹiʋa | laz ʋiðɹĭeɹaz ðe koloɹez ðe los θentenaɹez ðe ʋentanas | k eskalonandose | ðan luθ a las θiŋko narez | ʋaɹiʎaraŋ kon la luθ ðel amaneθeɹ | eɹaŋ komo floɹez maxikas | ke se aβɹían a los pɹimeɹoz resplandoɹez ðel día || aʋaxo entɹe las enoɹmes pilastɹas | ke foɹmaʋan um boske ðe pieðɹa | reŋnaʋa la oskuɹiðað | rasgað a tɹec͡ʃos poɹ laz manc͡ʃaz roxas i ʋaθilantez ðe laz lampaɹas | ke aɹðían en las kapiʎas | aθĭendo temblaɹ las sombɹas || loz muɹθĭélagoz reʋoloteaʋan en las eŋkaɹθixaðaz ðe las kolumnas | keɹĭendo pɹoloŋgaɹ algunos instantes su posesĭón del templo | asta ke se filtɹase poɹ laz ʋiðɹíeɹas el pɹimeɹ rajo ðe sol || pasaʋam bolando soβɹe las kaβeθaz ðe laz ðeʋotas | ke aroðiʎaðas ante los altaɹez | reθaʋan a gɹitos | satisfec͡ʃaz ð estaɹ en la kateðɹal (a) akeʎa oɹa komo en su pɹopĭa kasa || otɹas aʋlaʋaŋ kon los akólitos | i ðemás seɹʋiðoɹez ðel templo | ke iʋan entɹando poɹ toðaz las pŭeɹtas soŋolĭentos | i ðespeɹeθándose kom oɹeɹos ke akuðen al taʎeɹ || en la oskuɹiðá | ðesliθáʋanse laz manc͡ʃaz negɹaz ðe algunoz manteos kamino ðe la sakɹistía | ðeteniéndose koŋ grandes xenuflegsĭones ante kaða imaxen || j a lo lexos | imbisibl en la oskuɹiðað | aðiʋináʋase al kampaneɹo | komo un dŭende iŋkansaβle | poɹ el rŭiðo ðe suz ʎaʋez | j el c͡ʃiríaɹ ðe las pŭeɹtas ke iʋa aβɹĭendo ||

pavimento, sintió en el rostro la caricia fría y un tanto pegajosa de aquel ambiente de bodega subterránea. En el templo todavía era de noche. Arriba, las vidrieras de colores de los centenares de ventanas que, escalonándose, dan luz a las cinco naves, brillaban con la luz del amanecer. Eran como flores mágicas que se abrían a los primeros resplandores del día. Abajo, entre las enormes pilastras que formaban un bosque de piedra, reinaba la obscuridad, rasgada a trechos por las manchas rojas y vacilantes de las lámparas que ardían en las capillas haciendo temblar las sombras. Los murciélagos revoloteaban en las encrucijadas de las columnas, queriendo prolongar algunos instantes su posesión del templo, hasta que se filtrase por las vidrieras el primer rayo de sol. Pasaban volando sobre las cabezas de las devotas, que arrodilladas ante los altares, rezaban a gritos, satisfechas de estar en la catedral a aquella hora como en su propia casa. Otras hablaban con los acólitos y demás servidores del templo, que iban entrando por todas las puertas, soñolientos y desperezándose como obreros que acuden al taller. En la obscuridad deslizábanse las manchas negras de algunos manteos camino de la sacristía, deteniéndose con grandes genuflexiones ante cada imagen; y a lo lejos, invisible en la obscuridad, adivinábase al campanero, como un duende incansable, por el ruido de sus llaves y el chirriar de las puertas que iba abriendo.

Printed in the USA
CPSIA information can be obtained
at www.ICGtesting.com
LVHW012320181223
766854LV00053B/1650